Eduard Lohse
Vater unser

Eduard Lohse

Vater unser

Das Gebet der Christen

2. Auflage

Einbandgestaltung: Peter Lohse, Büttelborn
Einbandabbildung: Glasmalerei, 1890 (Ausschnitt):
Darstellung der Blanka von Kastilien in der Basilika von Saint-Denis,
Frankreich; © akg-images/Jean-Paul Dumontier

Die Deutsche Nationalbibliothek verzeichnet diese Publikation
in der Deutschen Nationalbibliografie;
detaillierte bibliografische Daten sind im Internet über
http://dnb.d-nb.de abrufbar.

2., durchgesehene Auflage 2010

Die Herausgabe dieses Werks wurde durch die Vereinsmitglieder
der WBG ermöglicht.
Layout, Satz und Prepress: schreiberVIS, Seeheim-Jugenheim
in Zusammenarbeit mit Thurid Wadewitz
Gedruckt auf säurefreiem und alterungsbeständigem Papier
Printed in Germany

Besuchen Sie uns im Internet: www.wbg-wissenverbindet.de

ISBN 978-3-534-23493-6

Inhalt

Vorwort

Vater unser im Himmel,
Geheiligt werde dein Name,
Dein Reich komme,
Dein Wille geschehe,
wie im Himmel, so auf Erden.

Unser tägliches Brot gib uns heute,
Und vergib uns unsere Schuld,
wie auch wir vergeben unsern Schuldigern,
Und führe uns nicht in Versuchung,
Sondern erlöse uns von dem Bösen.

Denn dein ist das Reich und die Kraft
und die Herrlichkeit in Ewigkeit.
Amen.

Diese Worte des Gebets sind ungezählten Menschen von Jugend an vertraut. Oft täglich, aber vor allem auch bei besonderen Gelegenheiten, festlichen oder auch traurigen Anlässen, haben diese Worte Trost gespendet und betrübte Menschen aufgerichtet. Vaterunser und Erklärung, wie sie in Luthers Kleinem Katechismus stehen, können auch heute viele Menschen auswendig hersagen.

Diese Vertrautheit aber kann nicht selten dazu führen, dass nicht mehr auf die genaue Bedeutung eines jeden Satzes geachtet wird, sondern man die Worte spricht, ohne über den Sinn dieses Gebetes hinlänglich nachzudenken.

Aufgabe einer umsichtigen Auslegung des Neuen Testaments ist es, den Sinn der gesprochenen Worte genau zu erheben. Was sollte von Anfang an mit diesem Gebet ausgesagt werden? Und welche Bedeutung ist den einzelnen Begriffen eigen, mit denen zu Gott gerufen wird? Ob im Gottesdienst oder im stillen Gebet des einzelnen, am Traualtar oder an den Gräbern diese Worte gesprochen und mitvollzogen werden, es gilt, sich darüber Rechenschaft abzulegen, was dabei ausgesagt wird und welcher Sinn diesem Gebet zukommt, mit dem Gott um seinen gnädigen Beistand angerufen wird.

Anlässlich der Verleihung des Dr. Leopold Lucas-Preises durch die Universität Tübingen habe ich am 15. Mai 2007 eine Vorlesung über das Vaterunser gehalten, die im folgenden Jahr im Verlag Mohr-Siebeck veröffentlicht wurde[1]. Die darin entworfene Skizze soll nun auf eine breitere Basis gestellt werden, indem sowohl die ursprüngliche Gestalt des Gebets wie auch seine bleibende Bedeutung des näheren zu bedenken ist. Dabei soll das Vaterunser im Zusammenhang mit der Wirksamkeit Jesu und seiner Verkündigung von der anbrechenden Gottesherrschaft, aber auch im Blick auf das Gebet der frühen Christenheit betrachtet werden. In vergleichender Gegenüberstellung mit Gebeten der Umwelt des Neuen Testaments, vor allen anderen mit seinen jüdischen Voraussetzungen, ist zu erörtern, wie es sich zu diesen verhält und worin der besondere Charakter seiner Worte zu finden ist. Bei dieser historischen Untersuchung aber ist die Frage nicht aus dem Auge zu lassen, welche bleibende Bedeutung diesem Gebet zukommt, das heute wie einst die Welt umspannt.

Für die zweite Auflage konnten einige Hinweise aufmerksamer Leser dankbar berücksichtigt und einige kleine Versehen verbessert werden.

Eduard Lohse

Die ursprüngliche Gestalt des Vaterunsers

1. Die Überlieferung des Vaterunsers

Das Vaterunser ist im Neuen Testament im Matthäus- und im Lukasevangelium überliefert (Mt. 6,9 – 13; Lk. 11,2 – 4). Darüber hinaus enthält die sogenannte Apostellehre / Didache, die in der ersten Hälfte des 2. Jahrhunderts n. Chr. abgefasst worden ist, eine Fassung des Gebetes, die den Versen des Matthäusevangeliums sehr nahe kommt (Did. 8,2). Daher ist die Frage nach der ältesten Überlieferung des Vaterunsers vor allem an das im Neuen Testament enthaltene Zeugnis zu richten.

In vielen Bibelausgaben ist das Vaterunser in beiden Evangelien mit gleich lautenden Worten wiedergegeben. Diese Wiedergabe entspricht einer großen Zahl jüngerer Handschriften des griechischen Textes. Die kritischen Ausgaben des Neuen Testaments – vor allem die des Novum Testamentum Graece (Nestle-Aland, 27. Aufl. Stuttgart 1993) – zeigen jedoch, dass die ältesten Handschriften des griechischen Textes der beiden Evangelien sich in den Fassungen des Vaterunsers deutlich voneinander unterscheiden. Diese Unterschiede, die die spätere Überlieferung ausgeglichen hat, wollen daher geprüft und gewertet werden.

Während sich im Matthäusevangelium eine Textfassung mit sieben Bitten findet, die dann den geläufigen kirchlichen Gebrauch seit alters bestimmt haben, steht im Lukasevangelium eine kürzere Gestalt des Textes, die nur fünf Bitten enthält. Die Unterschiede betreffen vor allem folgende Punkte:

1. Die Anrede bei Matthäus lautet „Vater unser in den Himmeln", bei Lukas heißt es nur kurz und knapp „Vater".
2. Die beiden ersten Bitten stimmen in beiden Evangelien überein, doch dann fehlt bei Lukas die dritte Bitte, wie sie bei Matthäus überliefert ist.
3. Der zweite Teil des Gebets beginnt übereinstimmend mit der Bitte um das tägliche Brot. Doch weist der Wortlaut hier wie dort einige sprachliche Unterschiede auf. Mt. 6,11 wird gesagt: τὸν ἄρτον ἡμῶν τὸν ἐπιούσιον δὸς ἡμῖν σήμερον, bei Lukas aber werden am Schluss des Satzes noch die Worte angefügt: τὸ καθ᾽ ἡμέραν.
4. Die – nach der Zählung des Matthäusevangeliums – fünfte Bitte enthält wiederum Unterschiede der verwendeten Begriffe. Bei Mt. 6,12 ist von „den Schulden" die Rede, die Gott vergeben möge. Bei Lukas werden hingegen „die Sünden" angesprochen, die Gott verzeihen möge. Und in der zweiten Zeile, die von der Verpflichtung gegenseitiger Vergebung handelt, steht das Verbum bei Matthäus im Aorist, bei Lukas aber im Präsens: ἀφήκαμεν – ἀφίομεν.
5. Die bei Matthäus anschließende – sechste – Bitte wird auch bei Lukas gelesen, doch fehlt der letzte Satz: „Sondern erlöse uns von dem Bösen."
6. Schließlich will beachtet sein, dass die Doxologie, mit der nach der geläufigen Fassung das Gebet beendet wird, in den ältesten Textzeugen beider Evangelien nicht enthalten ist. In der frühesten Zeit war offensichtlich der Wortlaut des Lobpreises noch nicht genau festgelegt, sondern wurde der abschließende Satz vom Beter in freier Formulierung gesprochen.

Die kürzere Fassung des Gebets nach dem Lukastext lautet mithin:

Vater,
Dein Name werde geheiligt,
Dein Reich komme.

Unser tägliches Brot gib uns Tag für Tag,
Und vergib uns unsere Sünden; denn auch wir
vergeben jedem, der an uns schuldig wurde,
Und führe uns nicht in Versuchung.

Wie sind diese Unterschiede, die die älteste Textüberlieferung enthält, zu beurteilen? Eine direkte literarische Abhängigkeit des einen Evangelisten vom anderen ist nicht anzunehmen. Denn weder lässt sich vorstellen, dass die Vorlage eines längeren Textes durch einen späteren Zeugen eigenmächtig verkürzt worden wäre. Noch ließe sich annehmen, dass ein Abschreiber eine ihm überkommene kürzere Fassung durch von ihm vorgenommene Ergänzungen erweitert haben sollte.[2] Es liegen vielmehr zwei zwar im Wesentlichen übereinstimmende, in Einzelheiten jedoch unterschiedliche Überlieferungen des Herrengebets vor. Dabei ist anzunehmen, dass die kürzere Textgestalt die ältere darstellt, die in der anderen Überlieferung um eine dritte und eine siebente Bitte erweitert worden ist. Voneinander abweichende Begriffe, wie sie sich hier wie dort finden, lassen erkennen, dass das Gebet eine Zeit mündlicher Überlieferung durchlaufen hat, ehe der Text schriftlich festgehalten und von jedem der beiden Evangelisten in den von ihm gestalteten Zusammenhang eingefügt wurde. Die beiden im Neuen Testament überkommenen Fassungen des Vaterunsers sind also unabhängig voneinander tradiert und dann von den Evangelisten aufgezeichnet worden.

Der Vergleich beider Traditionen wird im Einzelnen zu zeigen haben, dass die von Matthäus gebotene sprachliche Gestalt gegenüber der Lukasfassung durchweg ältere Voraussetzungen – in Wendungen ursprünglich semitischer Sprache – wiedergibt. Diese Beobachtungen sind in Betrachtung jedes einzelnen Satzes zu prüfen und zu begründen.[3] Dass beide Fassungen jedoch eine gemeinsame Tradition repräsentieren, ergibt sich schlüssig daraus, dass beide das sonst vollkommen ungebräuchliche Wort ἐπιούσιος enthalten.[4]

Die Überlieferung des Herrengebets zeigt einerseits, dass den Lesern und Hörern freigestellt wurde, eine kürzere oder eine längere Fassung des Gebets zu sprechen. Andererseits aber geht aus der handschriftlichen Bezeugung hervor, dass sich zwar mancherlei Ergänzungen zur kürzeren Fassung des Lukasevangeliums finden, die diese an die längere Fassung des Matthäusevangeliums angleichen. In der handschriftlichen Bezeugung des Matthäusevangeliums aber sind keine Kürzungen enthalten, die etwa eine Annäherung an den kürzeren Lukastext vornehmen wollten. Daraus ist zu ersehen, dass die sieben Bitten, wie sie im Matthäusevangelium dargeboten werden, die Gestalt des Vaterunsers bieten, die im kirchlichen Gebrauch allgemein üblich wurde. Die Apostellehre/Didache folgt zu Anfang des 2. Jahrhunderts eben dieser Textfassung und spricht sich somit eindeutig für das Vaterunser mit sieben Bitten aus, wie sie seither in allen Kirchen gesprochen werden.

Anmerkungen

1 Vgl. E. Lohse, Das Vaterunser – im Licht seiner jüdischen Voraussetzungen, Tübingen 2008.

2 Vgl. J. Jeremias, Das Vater-Unser im Lichte der neueren Forschung, in: Abba – Studien zur neutestamentlichen Theologie und Zeitgeschichte, Göttingen 1966, 152–171.155–160: Der älteste Text des Vater-Unsers.

3 Jeremias, Vater-Unser, 160.

4 Vgl. J. Jeremias, Neutestamentliche Theologie I. Die Verkündigung Jesu, Gütersloh 1971 (=[3]1979), 190.

2. Die aramäische Urfassung und der griechische Text

Die Sprache Jesu und der ersten Christen war das Aramäische. In seinen Worten wird das Vaterunser zuerst formuliert und gesprochen worden sein. Auf diesen sprachlichen Ursprung deutet schon die Anrede Gottes als Vater hin. Wird doch sowohl von Jesus selbst wie auch vom gottesdienstlichen Gebet der ersten Christen überliefert, dass sie Gott mit „Abba", also als Vater angeredet haben (Mk. 14,36 par.; Gal. 4,6; Röm. 8,15). Das aramäische Wort „Abba" ist ein status emphaticus, der zugleich ein Pronominalsuffix in der 1. Person Singular bzw. die Form mit der 1. Person Plural vertritt, also als „mein Vater" bzw. „unser Vater" wiederzugeben ist.[1] Diese Anrede entspricht der schlichten „Rede des Kindes zum Vater".[2]

Dass die Sätze des Gebets ursprünglich in aramäischer Sprache formuliert waren, ergibt sich mit Sicherheit aus folgender Beobachtung: Die Begriffe ὀφειλήματα (Schulden) und ἁμαρτίαι (Sünden), die sich einerseits bei Matthäus, andererseits bei Lukas finden, gehen offensichtlich auf ein aramäisches *„ḥoba"* zurück. Denn im Aramäischen wurden auch sonst Verschuldungen, die die Menschen durch ihre Sünden auf sich geladen haben, mit diesem Wort bezeichnet, dessen eigentliche Bedeutung sich auf finanzielle Verschuldung bezog.[3]

Kundige Philologen und Exegeten haben Vorschläge erarbeitet, die aramäische Urfassung des Gebetes zu rekonstruieren. Dabei hat sich im Lauf der gelehrten Erörterungen ein weitgehender Konsens ergeben, der zu einer unter Fachkennern einhellig vertretenen Auffassung geführt hat.[4] Demnach entspricht die kürzere Lukas-Fassung folgenden aramäischen Sätzen:

Abbá
jitqaddáš š^{e}m*ák*,
teté malkult*ák*,
laḥmán d^{e}limḥár hab lán joma *dén*,

uš^{e}boq lán ḥob*énan*
k^{e}diš^{e}báqnan l^{e}ḥajjab*énan,*
w^{e}la ta'elinnan l^{e}nis*jón.*[5]

Werden diese Sätze laut gesprochen, so lässt sich ihre poetische Struktur deutlich empfinden. In rhythmisch geformter Sprache redet der Beter zu Gott. Diese Worte prägen sich dem Gedächtnis umso klarer ein, als auch die jeweiligen Satzenden sich aufeinander reimen.[6] Auch der ausführlichere Matthäus-Text ist in poetischer Fassung mit sich reimenden Zeilenenden gehalten.[7]

Die beiden unterschiedlichen Fassungen des Gebets lassen sich nicht in einen einheitlich formulierten Wortlaut zusammenfassen. Sie bieten vielmehr im Einzelnen durchaus die eine oder andere Variante des Wortlauts. Will doch das Vaterunser nicht formelhaft wiederholt und nachgesprochen werden, sondern zu vertrauender Zuversicht und regelmäßigem Beten anhalten.

Schon in sehr früher Zeit wurde das Gebet ins Griechische übersetzt, wie auch die gesamte Überlieferung der Worte Jesu in die griechische Sprache übertragen und tradiert wurde. Dabei ist die poetische Gestalt des Gebets nicht mehr so deutlich zu erkennen wie in der aramäischen Urfassung. Die beiden Evangelisten Matthäus und Lukas setzen jeweils diese vorgegebene griechische Fassung des Vaterunsers voraus, die sie aufnehmen. Jeder der beiden Evangelisten hat das Vaterunser in seinem Evangelium in einen größeren Zusammenhang eingeordnet, der zum rechten Verständnis des Gebets anleiten soll.

Auf diesen im griechischen Neuen Testament überlieferten Text hat der Ausleger zu achten. Ist es doch seine Aufgabe, nicht einen hypothetisch rekonstruierten Wortlaut, sondern die ihm vorgegebene griechische Fassung des Vaterunsers zu erklären. Dabei kann freilich die Rekonstruktion einer aramäischen Urfassung helfen, die verborgene Tiefenschicht der Sätze wahrzunehmen.

Der Evangelist Matthäus hat das Vaterunser in die Mitte der großen Komposition der Bergpredigt hineingestellt. Es bildet gleichsam deren Zentrum, von dem die Fäden des Zusammenhangs sowohl rückwärts wie auch vorwärts laufen. Das 6. Kapitel im Matthäusevangelium handelt zunächst von rechter Gabe des Almosens, einer sittlichen Verpflichtung, der im Judentum von jeher hoher Rang zugemessen wird.[8] Wird Almosen gegeben, so soll die linke Hand nicht wissen, was die rechte tut, um jede Anwandlung von Heuchelei zu meiden (Mt. 6,3 f.). Hierauf folgt die Unterweisung zum Beten, das für den frommen Juden eine bindende tägliche Verpflichtung darstellt (Mt. 6,5 – 15). Und dann werden Sätze angeschlossen, die rechtes Fasten beschreiben, das im demütigen Aufblick zu Gott geschehen soll (Mt. 6,16 – 18).[9] Almosen, Beten und Fasten waren und sind für fromme Juden wichtige Bereiche gläubiger Lebensführung. So weist der Evangelist durch die von ihm gestaltete Rahmung des Vaterunsers auf den jüdischen bzw. judenchristlichen Hintergrund des Gebets hin.

Auf andere, jedoch gleichfalls von jüdischen Voraussetzungen bestimmte Weise hat der Evangelist Lukas die von ihm vorgenommene redaktionelle Rahmung gestaltet. Die Jünger Jesu – so wird der Zusammenhang eingeleitet – treten an ihren Meister mit der Bitte heran, er möge sie beten lehren, wie auch Johannes der Täufer seine Jünger gelehrt hatte, recht zu beten. Mit diesem Hinweis am Beginn des 11. Kapitels im Lukasevangelium wird darauf aufmerksam gemacht, dass eine von gemeinsamem Glauben erfüllte Gemeinschaft durch rechte Unterweisung über das Gebet ihre Identität erfährt.[10] Dabei wird – ebenso wie im Matthäusevangelium – vorausgesetzt, dass die Jünger Jesu als Juden, die sie waren, sehr wohl darum wussten, welche Bedeutung dem Gebet für eine rechte Lebensführung zukommt. Sie werden nun darin unterwiesen, mit welchen Worten ihre Gemeinschaft zum rechten Gebet zusammengeschlossen werden soll. Die jüdischen Voraussetzungen, wie sie für die Formulierung des Vaterunsers gegeben waren, bedürfen daher nun näherer Betrachtung.

Anmerkungen

1 Vgl. G. Kittel, in: ThWNT I, 4–6.
2 Vgl. G. Dalman, Die Worte Jesu I, [2]Leipzig 1930, 157.
3 Vgl. Jeremias, a. a. O. (Abba), 159; Ders., RGG[3]VI, 1236.
4 Vgl. G. Dalman, a. a. O., 283–365; sowie C.C. Torrey, The Translations made from the Original Aramaic Gospels, in: Studies in the History of Religion presented to C.-H. Toy, New York 1912, 309–317; C. F. Burney, The Poetry of our Lord, Oxford 1925, 112f., 161; K. G. Kuhn, Achtzehngebet und Vaterunser und der Reim, WUNT 1, Tübingen 1950; Jeremias, a. a. O. (Abba), 152–171; Ders., Neutestamentliche Theologie I, 188–196.
5 Vgl. Jeremias, a. a. O. (Abba), 160; bzw. Neutestamentliche Theologie I, 191. Nicht frei von unbewiesenen Annahmen sind jedoch die Erwägungen von G. Schwarz, Matthäus VI, 9–13/Lukas XI, 2–4. Emendation und Rückübersetzung, in: NTS 15 (1968/69), 233–247.
6 Den Nachweis für die poetische Struktur sowie die sich reimenden Satzenden hat Kuhn, a. a. O. (s. Anm. 4) erbracht.
7 Vgl. Kuhn, a. a. O., 33.
8 Vgl. die vielen Belege bei P. Billerbeck, Kommentar zum Neuen Testament aus Talmud und Midrasch I, München 1922, 387–396.
9 Belege zum jüdischen Verständnis und Vollzug des Fastens bei Billerbeck, a. a. O., 426–429.
10 C. K. Rothschild, Baptism Traditions and Q, WUNT I, 190, Tübingen 2005, nimmt an, dass manche Stoffe, die in der Überlieferung als Worte Jesu angesprochen wurden, eine Vorgeschichte in der Verkündigung Johannes des Täufers gehabt haben können. Denkbar ist, dass einzelne Gebetstraditionen über die Gruppe Johannes des Täufers Jesus und seinen Jüngern zugekommen sein könnten (vgl. Lk. 11,1–4). Doch lassen sich Vermutungen dieser Art nicht beweisen. Vgl. die Rezension von K. Backhaus, in: ThLZ 132 (2007), 942–944.

3. Jüdische Gebete zur Zeit Jesu

Im Judentum der spätantiken Zeit setzte sich eine reiche und vielgestaltige Überlieferung und Praxis gläubigen Betens ungebrochen fort. In den Psalmen der Schrift fand man Vorbilder für das eigene Loben und führte diese Tradition in zahllosen Gebeten weiter, die in der überkommenen Sprache des Gebetes formuliert, erweitert und ausgestaltet wurden. Seit den umfangreichen Funden jüdischer Texte am Ufer des Toten Meeres, die ohne Zweifel vorchristlichen Ursprungs sind, sind Gebetstexte in großer Zahl bekannt geworden, die Einblick in Frömmigkeit und Gebet weiter Kreise des frommen Judentums gestatten. Darüber hinaus haben gründliche Forschungsarbeiten, die der Literatur des vorchristlichen Judentums gelten, unsere Kenntnis des Schatzes an jüdischen Gebeten wesentlich bereichert und genauere Urteile über deren zeitliche Einordnung ermöglicht.[1] Daher kann mit Bestimmtheit gesagt werden: „Jesus kommt aus einem Volk, das zu beten verstand."[2]

Durch seine Treue im Gebet unterschied sich das Judentum von der hellenistisch-römischen Umwelt, in deren Mitte seine weit ausgebreitete Diaspora lebte.[3] Denn Römer und Griechen verrichteten zwar den überkommenen Opfer- und Tempeldienst, aber unter ihnen herrschten mancherlei Zweifel, zu welchem Gott unter den mancherlei Möglichkeiten man rufen sollte und ob Gebete überhaupt Gehör finden könnten. Daher unterließ man vielfach das Beten. Vom Judentum aber wurde diese Skepsis, von der der Polytheismus der hellenistisch-römischen Welt gezeichnet war, nicht geteilt. Daher machten die Gottesdienste, die überall in den Synagogen gehalten wurden, auf nicht wenige Menschen der Umgebung tiefen Eindruck, so dass sich manche Nichtjuden als Sympathisanten um die jüdischen Gemeinschaften versammelten.

Die zahlreichen Gebete, die sich in den Texten von Qumran finden, geben eindrucksvolle Beispiele für die im Judentum bewahrte und weitergetragene Kultur des Betens. Sie sind nahezu ausnahmslos in der biblischen Sprache des Hebräischen abgefasst. In der Zeit Jesu sprach man jedoch im Volk weithin aramäisch. Daher mussten in den Synagogen die Schriftlesungen, die die hebräischen Texte des Alten Testaments darboten, jeweils in die geläufige Sprache des Aramäischen übersetzt werden. Diese sogenannten Targumim wurden lange Zeit nur mündlich überliefert und ausgestaltet, ehe sie dann erst Jahrhunderte später schriftlich aufgezeichnet wurden. Doch kann vergleichende kritische Betrachtung vielfach erheblich ältere Traditionen in den Targumim aufspüren, die bis in die Zeit Jesu zurückreichen.[4] Somit können auch in den Targumim überkommene Traditionen herangezogen werden, um ein Bild vom vielgestaltigen Gebetsleben des spätantiken Judentums zu gewinnen.

Vor allem in den „Lobliedern" der Gemeinde von Qumran (1 QH) sind viele Beispiele überliefert, die zeigen, mit welcher Intensität im Judentum der Zeit vor Christus gebetet wurde. So heißt es: „Gepriesen seist du, Herr! Denn du hast nicht verlassen die Waise und den Geringen nicht verachtet. Denn deine Macht ist [unerforschlich] und deine Herrlichkeit ohne Maß, und wunderbare Helden sind deine Diener. Und mit den Demütigen [bist du], wenn [ihre] Füße versinken, mit denen, die Gerechtigkeit fürchten, um emporzuführen alle Armen der Gnade." (1 QH V, 20–22)

Die Gebete werden vielfach durch Formen des Verbums *„brk"* / *„berekh"* eingeleitet. Dieses ist aus den Schriften des Alten Testaments übernommen und bedeutet seinem ursprünglichen Wortsinn nach „auf die Knie fallen".[5] Doch im Lauf der Zeit gewann das Wort eine erweiterte Sinngebung, um „Fürbitte tun, segnen ... und Gott preisen, rühmen" zu benennen.[6]

Hymnischer Klang zeichnet viele der „Loblieder" in den Texten von Qumran aus, so: „Ich preise dich, Herr! Denn du stützest mich durch deine Kraft, und deinen heiligen Geist hast du auf mich ausgegossen, dass ich nicht wanke. Und du stärkest mich vor den Kämpfen des Frevels, und in all ihrem Verderben hast du (mich) nicht abschrecken lassen von deinem Bund. Du stelltest mich hin wie einen Turm, wie eine hohe Mauer, und gründetest auf Felsen meinen Bau. Und ewige Fundamente dienen mir als Grund, und alle meine Wände zur bewährten Mauer, die nicht erschüttert wird." (1 QH VII, 6–9)

In einem anderen Lob- und Danklied, wie es in die Gemeinderegel als Bekenntnis des Beters aufgenommen ist, heißt es: „Auf das, was ewig ist, hat mein Auge geblickt, tiefe Einsicht, die Menschen verborgen ist, Wissen und kluge Gedanken (verborgen) vor den Menschen, eine Quelle der Gerechtigkeit und Hort der Kraft mit der Quelle der Herrlichkeit, (verborgen) vor der Versammlung des Fleisches. Welche Gott erwählt hat, denen hat er sie zu ewigem Besitz gegeben, und Anteil hat er ihnen gegeben am Los der Heiligen, und mit den Söhnen des Himmels hat er ihre Versammlung verbunden zu einem Rat der Gemeinschaft und Kreis des heiligen Gebäudes, zu ewiger Pflanzung für alle künftigen Zeiten. Doch ich gehöre zur ruchlosen Menschheit, zur Menge des frevelnden Fleisches. Meine Sünden, meine Übertretungen, meine Verfehlungen samt der Verderbtheit meines Herzens gehören zur Menge des Gewürms und derer, die in Finsternis wandeln … Ich aber, wenn ich wanke, so sind Gottes Gnadenerweise meine Hilfe auf ewig." (1 QS XI, 5–12)

In diesen liedartigen Texten spricht jeweils ein Einzelner aus, wie er vor seinem Gott steht und wofür er ihn zu loben und zu preisen hat. Von diesen beispielhaften Vorgaben sind andere Gebetsworte unterschieden, die zu regelmäßiger Wiederholung und bekennendem Einverständnis der ganzen Gemeinde bestimmt sind. Im Gottesdienst der Synagogengemeinde wurden Worte des Bekenntnisses und Lobpreises vorgetragen, die die Gemeinde mit ihrem zustimmenden „Amen" aufnahm und sich auf diese Weise zu Eigen machte. Boten die Lektionen aus den heiligen Schriften Zuspruch und Anspruch für alle Gläubigen, so bekannten sich alle miteinander zu dem einen Gott, der Israel erwählt hat, mit Sätzen biblischer Abschnitte aus Dt. 6,4–9; 11,13–21 und Num. 15,37–41.

Schon im Tempelgottesdienst hat das sogenannte Sch^{e}ma seinen festen Platz gehabt. Man wird daher annehmen dürfen, dass das Bekenntnis „Höre Israel, dein Gott ist einer" schon in vorchristlicher Zeit zusammengestellt worden ist, um es im Gottesdienst, aber auch im täglichen Bekenntnis des einzelnen morgens und abends zu rezitieren.[7]

Neben diesem Brauch, täglich in das Bekenntnis zum einen Gott einzustimmen, kam gleichfalls schon in vorchristlicher Zeit die Regel in Übung, jeden Tag drei feste Gebetszeiten einzuhalten.

Dan. 6,11 wird berichtet, dass Daniel am Fenster, das in Richtung auf Jerusalem hin geöffnet war, dreimal am Tag auf seine Knie fiel, um seinen Gott zu loben und ihm zu danken. Diese feste Regel, täglich morgens, mittags und abends Gott zu preisen und ihn um gnädigen Beistand anzurufen, wird gleichfalls schon in vorchristlicher Zeit zur allgemein üblichen Sitte geworden sein.

Hohe Wahrscheinlichkeit spricht dafür, dass auch das sogenannte Achtzehngebet in seinen ältesten Teilen zur Zeit Jesu und der ersten Christen bereits seine mehr oder weniger feste Fassung erhalten hat.[8] Nach rabbinischer Überlieferung liegt sein Ursprung weit zurück; doch wird auch berichtet, dass die Worte des Achtzehngebets als beispielhaftes Vorbild des Gebets zu Ende des 1. Jahrhunderts n. Chr. in ihrem endgültigen Wortlaut festgestellt worden sind. Nach den Schrecken des Jüdischen Kriegs und der Zerstörung Jerusalems durch die Römer musste das von Schriftgelehrten geleitete Judentum sich erneut zusammenfinden und für die künftige Gestalt gläubigen Lebens allgemein verbindliche Übereinkunft finden. Hierzu dienten sowohl die Pflicht, sich täglich am Morgen und Abend zum einen Gott zu bekennen, wie auch die Regel, die drei Gebetszeiten mit dem Achtzehngebet einzuhalten. Dieses Gebet fand somit seinen festen Platz sowohl im Gottesdienst der Gemeinde wie auch im Leben jedes einzelnen gläubigen Frommen.

Die 18 Benediktionen wurden zu Ende des 1. Jahrhunderts n. Chr. um eine neunzehnte erweitert, die sogenannte Birkat haminim, die an die zwölfte Stelle des Gebets gesetzt wurde. Obwohl das Gebet durch diese Erweiterung um eine Benediktion vermehrt wurde, blieb es bei der Bezeichnung als „Achtzehngebet“. Dieser Name war mithin bereits so allgemein üblich geworden, dass man ihn beibehielt. Die zusätzliche Benediktion sollte es insbesondere Judenchristen unmöglich machen, am Gottesdienst in den Synagogen teilzunehmen. Denn ein gegen sie gerichtetes Fluchwort konnten sie unmöglich mit „Amen“ beantworten.[9] Damit vollzog sich die endgültige Trennung von Synagoge und Kirche.

Der Text des Achtzehngebets, das für die Frömmigkeit des einzelnen Gläubigen wie auch für die inhaltliche Gestaltung der Synagogengottesdienste von bestimmender Bedeutung war – und bis heute ist –, ist in zwei unterschiedlichen Textfassungen überliefert. Die allgemein übliche Fassung wird als sogenannte babylonische Rezension bezeichnet, die gleichwohl palästinischen Ursprungs sein wird. In der babylonischen Diaspora wird dieses Gebet jedoch seine bleibende Gestalt erhalten haben. Die andere Überlieferung des Achtzehngebets gilt als palästinische Rezension und ist erst gegen Ende des 19. Jahrhunderts n. Chr. in einer G^{e}niza – d. h. einer Kammer, in der abgenutzte Manuskripte verwahrt wurden – in Kairo gefunden und 1896 von *S. Schechter* veröffentlicht worden.[10] Diese Fassung weicht von der allgemein gebräuchlichen insbesondere dadurch ab, dass sie vielfach einen erheblich kürzeren Text bietet.[11] Im Folgenden soll jedoch die geläufige Gestalt des Gebets wiedergegeben werden. Bei aufmerksamer Lektüre werden sich mancherlei Vergleiche zum Vaterunser zeigen. Diese begrifflichen und gedanklichen Beziehungen sind dann bei der Erklärung der einzelnen Bitten des Vaterunsers des näheren zu erörtern.[12]

Das Gebet, das an jedem Tag morgens, mittags und abends zu sprechen war – und ist –, lautet:

„1. Benediktion: Gepriesen seist du, Herr unser Gott und Gott unserer Väter, Gott Abrahams, Gott Isaaks und Gott Jakobs, [großer, mächtiger und furchtbarer Gott] höchster Gott [Spender guter Gnaden] und Schöpfer des Alls [der der Gnaden der Väter gedenkt und über ihre Kinder sich erbarmt und ihren Kindeskindern einen Erlöser bringt um seines Namens willen in Liebe, barmherziger König, Heiland, Helfer und Schild]! Gepriesen seist du, Herr, Schild Abrahams!

2. Benediktion: Du bist ein Held in Ewigkeit, Herr [der die Toten lebendig macht, du bist mächtig zu helfen], der den Wind lässt wehen und den Regen niederfallen, der die Lebenden versorgt [aus Gnade], der die Toten lebendig macht [aus

großem Erbarmen, der Kranke heilt, Elenden hilft, Fallende stützt, Gebundene löst und seine Treue läßt denen, die im Staube schlafen. Wer ist wie du, Vollbringer von Großtaten, und wer ist dir gleich, der da tötet und lebendig macht und Hilfe (Heil) sprossen läßt? Und treu bist du, die Toten lebendig zu machen]. Gepriesen seist du, Herr, der die Toten lebendig macht!

3. Benediktion: Du bist heilig und dein Name ist heilig, und Heilige mögen täglich dich rühmen! Sela. Gepriesen seist du, Herr, heiliger Gott!

4. Benediktion: Du verleihst dem Menschen Erkenntnis und lehrst den Mann Einsicht; verleihe uns von dir Erkenntnis und Einsicht und Verstand. Gepriesen seist du, Herr, der Erkenntnis verleiht!

5. Benediktion: Bringe uns zurück, unser Vater, zu deiner Thora und laß uns nahen, unser König, zu deinem Dienst und laß uns umkehren in vollkommener Buße vor dein Angesicht. Gepriesen seist du, Herr, der Wohlgefallen an Buße hat!

6. Benediktion: Vergib uns, unser Vater, denn wir haben gesündigt; verzeihe uns, unser König, denn wir haben gefehlt, denn ein gütiger und vergebender Gott bist du. Gepriesen seist du, Herr [Gnädiger], der viel vergibt!

7. Benediktion: Sieh an unser Elend und führe unsere Sache und eile, uns zu erlösen; denn ein Gott [der König ist], ein starker Erlöser bist du. Gepriesen seist du, Herr, Erlöser Israels!

8. Benediktion: Heile uns, Herr, unser Gott, so sind wir geheilt [hilf uns, so ist uns geholfen], und bringe [vollkommene] Heilung all unseren Krankheiten; denn ein heilender, barmherziger Gott bist du. Gepriesen seist du, Herr, der die Kranken seines Volkes Israel heilt!

9. Benediktion: Segne uns, Herr unser Gott, bei allem Tun unserer Hände und segne unsere Jahre [und gib Tau und Regen auf den Erdboden] und sättige die ganze Welt aus deinem Guten

[und labe den Erdkreis aus dem Reichtum der Gaben deiner Hände und hüte es und bewahre es, Herr, unser Gott, dieses Jahr und alle Arten seiner Gewächse vor allen Arten von Verderben und vor allen Arten von Strafen] und gib ihm glücklichen Ausgang und Hoffnung und Sättigung (Überfluß und Frieden und Segen) wie den guten Jahren. Gepriesen seist du, Herr, der die Jahre segnet!

10. Benediktion: Stoße in die große Posaune zu unserer Freiheit und erhebe dein Panier, alle unsere Verbannten zu sammeln von den vier Flügeln der Erde hin nach unserem Lande. Gepriesen seist du, Herr, der [die Vertriebenen seines Volkes] Israel sammelt!

11. Benediktion: Bringe wieder unsere Richter wie vordem und unsere Ratsherren wie zu Anfang [und laß weichen von uns Seufzen und Stöhnen] und sei König über uns eilends, du allein [in Barmherzigkeit und Gerechtigkeit und Recht]. Gepriesen seist du, Herr [König], der [Gerechtigkeit und] Recht liebhat!

12. Benediktion: Den Abtrünnigen sei keine Hoffnung und alle Minim (= Häretiker) [und Angeber] mögen umkommen in einem Augenblick, und die freche Regierung mögest du ausrotten und zerbrechen [eilends in unseren Tagen].[13] Gepriesen seist du, Herr, [der Feinde zerbricht und] der Freche beugt!

13. Benediktion: Über die Gerechten [und über die Frommen][14] und über die Proselyten der Gerechtigkeit [und über den Rest deines Volkes, des ganzen Hauses Israel] möge sich dein Erbarmen regen, Herr, unser Gott, und gib guten Lohn allen, die auf deinen Namen vertrauen [in Wahrheit, und gib unser Teil mit (bei) ihnen; in Ewigkeit werden wir nicht zuschanden werden; denn auf deinen Namen haben wir vertraut und auf deine Hilfe uns gestützt]. Gepriesen seist du, Herr, [Stütze und] Zuversicht der Gerechten!

14. Benediktion: Nimm deine Wohnung inmitten Jerusalems, deiner Stadt, in naher Zeit [wie du geredet hast], und baue

es als einen ewigen Bau eilends in unseren Tagen. Gepriesen seist du, Herr, der Jerusalem erbaut!

15. Benediktion: Den Sproß Davids (= den Messias) laß eilends aufsprossen, und sein Horn erhebe sich durch deine Hilfen. Gepriesen seist du, Herr, der sprossen lässt [das Horn der] Hilfe!

16. Benediktion: Höre unsere Stimme, Herr, unser Gott, [schone] und erbarme dich über uns und nimm in Erbarmen [und mit Wohlgefallen] unser Gebet an; [von deinem Angesicht, unser König, laß uns nicht leer zurückkehren]; denn du erhörst das Gebet eines jeden Mundes. Gepriesen seist du, Herr, der das Gebet erhört!

17. Benediktion: Habe Wohlgefallen, Herr, unser Gott, an deinem Volk Israel [und auf ihr Gebet blicke hin] und führe den Opferdienst zurück in das Allerheiligste deines Hauses, [und die Feueropfer Israels und ihr Gebet und ihren Dienst nimm eilends in Liebe an mit Wohlgefallen, und zum Wohlgefallen gereiche beständig der Opferdienst deines Volkes Israel, und sei uns gnädig] und sehen mögen unsere Augen deine Rückkehr [in deine Wohnung] nach Zion [in Barmherzigkeit wie vor alters]. Gepriesen seist du, Herr, der [eilends] zurückkehren lässt seine Sch^{e}khina[15] nach Zion!

18. Benediktion: Wir danken dir [denn du bist es], Herr, unser Gott und Gott unserer Väter, [Fels unseres Lebens, Schild unseres Heils, du bist es von Geschlecht zu Geschlecht; wir danken dir und erzählen dein Lob] für unser Leben, das in deine Hand gelegt ist, und für unsere Seelen, die dir übergeben sind, für deine Zeichen und für deine Wunder und deine Wohltaten, die zu jeder Zeit [abends und morgens und mittags. Allgütiger, denn deine Barmherzigkeit hat kein Ende; Allbarmherziger, denn deine Gnaden hören nicht auf; denn alles, was lebt, rühme deinen großen Namen; denn gütig ist unser Gott, der Allgütige]. Gepriesen seist du, Herr, Allgütiger [ist dein Name immerdar und schön ist es], dass man dir danke!

19. Benediktion: Lege Frieden [‚Glück] und Segen [‚Gnade und Liebe und Erbarmen] auf uns und auf dein Volk Israel und segne, Herr, unser Gott, uns alle allemal [durch das Licht deines Angesichts; denn in dem Licht deines Angesichts hast du, Herr, unser Gott, uns gegeben Lehre (Thora) und Leben, Liebe und Gnade, Barmherzigkeit und Frieden, Segen und Erbarmen], und schön ist es in deinen Augen, dein Volk Israel zu segnen [mit viel Kraft und Frieden]. Gepriesen seist du, Herr, der [sein Volk Israel] segnet mit Frieden! Amen."

Die Benediktionen bieten jeweils einen unterschiedlich ausgeführten – längeren oder kürzeren – Inhalt. Doch sind sie allesamt als „Lobpreisungen" bezeichnet, die in den Satz münden: „Gepriesen seist du, Herr, unser Gott." Die ersten drei und die letzten drei Benediktionen betonen diesen Klang des Preisens und Lobens Gottes. Der Mittelteil enthält sowohl weltliche wie auch geistliche Inhalte. Dabei ist deutlich zu erkennen, dass im Lauf der Zeit die Inhalte der Bitten hier und da ausführlicher ausgestaltet worden sind. Manche Benediktionen können durchaus in die Zeit zurückreichen, in der der Tempel in Jerusalem unversehrt dastand und in ihm der regelmäßige Opferdienst zum Lob Gottes versehen wurde. Die Endredaktion jedoch, die zu Ende des 1. Jahrhunderts n. Chr. vorgenommen wurde, setzt voraus, dass Jerusalem zerstört ist und der Dienst im Tempel nicht mehr verrichtet werden kann. Daher wird darum gebeten, die heilige Stadt möchte wieder errichtet und der Tempel neu erbaut werden, um den Kultus an der vom Gott Israels erwählten Stätte wieder versehen zu können. Das aber bedeutet, die Zeit des Messias, des Sprosses Davids, möge kommen, um diese wunderbare Erneuerung heraufführen zu können.

Die Bitten um geistliche Gaben beziehen sich nicht auf die nationale Hoffnung, sondern auf Gottes gnädige Zuwendung und seine nimmer versiegende Bereitschaft zur Vergebung. Alle Bitten aber haben ihren festen Platz im Gottesdienst, in dem der Vorbeter jeweils den Text einer Benediktion spricht und die versammelten Gläubigen mit „Amen“ antworten, um in den Lobpreis als ganze Gemeinde einzustimmen.[16] Dabei konnte jeder Beter auch seine eigenen Kümmernisse, Sorgen und Wünsche hineinlegen.[17]

Da es nicht immer möglich war, den vollen Wortlaut des langen Gebets zu sprechen, konnte der mittlere Teil der 13 Bitten auch auf eine einzige zusammengezogen und von den jeweils drei Benediktionen am Anfang und Ende des Achtzehngebets umrahmt werden.[18] Hatte das vollklingende Gebet vornehmlich im Gottesdienst der Gemeinde seinen festen Ort, so diente es doch auch jedem einzelnen Beter als eine hilfreiche und willkommene Anleitung zu rechtem Gebet.

Zum Vergleich mit dem Vaterunser bietet sich noch ein weiteres Gebet – das des Qaddisch – an, dessen älteste Wendungen auch zur Zeit Jesu bereits gebräuchlich waren. „Der schlichte Ausdruck sowie das Fehlen jedes Hinweises auf die Zerstörung des Tempels weisen auf einen frühen Zeitpunkt hin.“[19] Das Qaddisch wurde bei verschiedenen Gelegenheiten verwendet und dabei entsprechend den jeweiligen Anlässen im Wortlaut angereichert bzw. ergänzt. Es wurde zum Abschluss einer Lesung aus der Thora gesprochen. Es konnte auch an den Abschluss eines Gottesdienstes gesetzt werden. Trauernde bedienten sich vielfach dieses Gebets. Und ungezählte Beter nahmen seine Worte auf und verbanden sie mit Lob, Preis und Bitte, die sie frei formulierten.[20]

Die schlichten Sätze der Grundform des Qaddisch lauten[21]: „Verherrlicht und geheiligt werde sein großer Name in der Welt, die er nach seinem Willen geschaffen hat. Und er lasse sein Reich herrschen und seine Erlösung sprossen – während eures Lebens und eurer Tage und des Lebens des ganzen Hauses Israel, alsbald und in naher Zeit. Und sprechet: Amen!

Sein großer Name sei gepriesen in alle Ewigkeiten! Gesegnet, gepriesen, verherrlicht, erhoben, erhöht, geehrt, hinausgehoben und gelobt sei sein heiliger Name. Gepriesen sei er in der Höhe von allen Lobpreisungen, Liedern, Preisungen, Tröstungen, die in der Welt gesprochen werden. Und sprechet: Amen!

Es komme großer Friede vom Himmel und Leben über uns und über ganz Israel. Und sprechet: Amen!"[22]

Die gedankliche Nähe, die dieses Gebet zum Vaterunser auszeichnet, ist auf den ersten Blick deutlich wahrzunehmen. Aus dieser Nähe darf jedoch nicht auf eine direkte Abhängigkeit der beiden Gebete voneinander geschlossen werden.[23] Wohl aber lässt sich annehmen, dass Jesus in der Formulierung des Vaterunsers aus der reichen Gebetstradition Israels schöpfte. Zugleich aber hat er vorgegebene Begrifflichkeiten in seiner Verkündigung neu gefasst, indem er den nahenden Anbruch der Gottesherrschaft ansagte und in seiner Zuwendung zu verachteten und von Schuld beladenen Menschen die gegenwärtige Barmherzigkeit Gottes bezeugte.

Da das Qaddisch nicht in der liturgischen Gebetssprache des Hebräischen, sondern in der Volkssprache des Aramäischen abgefasst ist, steht es nicht nur in inhaltlicher, sondern auch in sprachlicher Hinsicht dem Vaterunser nahe, das gleichfalls ursprünglich im Aramäischen formuliert worden ist.[24] In welcher Weise begriffliche und inhaltliche Beziehungen zwischen den Sätzen des Vaterunsers zu Wendungen in der reichhaltigen jüdischen Gebetstradition aufzuweisen sind, muss bei der Erklärung der Bitten des Vaterunsers Wort für Wort geprüft und erhoben werden.

Anmerkungen

1 Vgl. M. Philonenko, Das Vaterunser, Tübingen 2002 (französisches Original: Le Nôtre Père. De la prière de Jésus à la prière des disciples, Paris 2001), 9–19 u.ö.
2 Vgl. J. Jeremias, Das tägliche Gebet im Leben Jesu und in der ältesten Kirche, in: Abba, Göttingen 1966, 67.
3 Vgl. Jeremias, a.a.O., 67f.
4 Vgl. Philonenko, Vaterunser, 18: „Heute ist deutlich, dass viele targumische Überlieferungen auf das erste Jahrhundert vor Christus zu datieren sind."
5 Vgl. I. Elbogen, Der jüdische Gottesdienst in seiner geschichtlichen Entwicklung, [3]Frankfurt 1931 = [4]Hildesheim 1962, 4.

6 Vgl. Elbogen, a.a.O., 5f.

7 Vgl. P. Billerbeck, Kommentar zum Neuen Testament aus Talmud und Midrasch IV, München 1928, 189–207: Neunter Exkurs: Das Sch^{e}ma.

8 Vgl. Billerbeck, a.a.O., 208–249: Zehnter Exkurs: Das Sch^{e}mone Esre.

9 Die auf diese Weise vollzogene endgültige Trennung von Kirche und Synagoge ist Joh. 9,22; 12,42; 16,2 vorausgesetzt. Zur Bedeutung dieser eingefügten Benediktion vgl. Y.Y. Teppler, Birkat haMinim, Texts and Studies in Ancient Judaism 120, Tübingen 2007.

10 Zum hebräischen Text beider Gebete vgl. W. Staerk, Altjüdische liturgische Gebete, KIT 58, Berlin 1930, 9–19; sowie Kuhn, a.a.O., 10–26; und jüdische Gebetbücher, zuletzt: Jüdisches Gebetbuch, Schabbat und Werktage, Gütersloh 2007. Zur Übersetzung vgl. Billerbeck, a.a.O. IV, 211–214; ferner zum hebräischen Text wie auch zur Übersetzung P. Fiebig, Jesu Bergpredigt; Rabbinische Texte zum Verständnis der Bergpredigt, ins Deutsche übersetzt, in ihrer Ursprache dargeboten und mit Erläuterungen versehen, FRLANT 20, Göttingen 1924, 108–111.

11 Beide Textfassungen bei Billerbeck, a.a.O. IV, 211–214.

12 Die Übersetzung folgt Billerbeck und nimmt auch die Setzung eckiger Klammern auf, mit denen vermutliche Zusätze zu den ursprünglich zweigliederigen Benediktionen kenntlich gemacht sind. Vgl. Dalman, a.a.O. (s.S. 16, Anm. 2), Worte Jesu I, 283–365; vgl. auch J. Maier, Judentum, Göttingen 2007, 196–202.

13 In der palästinischen Rezension, die in der G^{e}niza von Kairo gefunden wurde, heißt es: „Die Nazarener (=Judenchristen) und die Minim (=Häretiker) mögen umkommen in einem Augenblick, ausgelöscht werden aus dem Buch des Lebens und mit den Gerechten nicht aufgeschrieben werden."

14 Vgl. Billerbeck IV, 213, Anm. 1: „Zusatz: und über die Ältesten deines Volkes, des Hauses Israel, und über den Überrest des Hauses ihrer Schriftgelehrten."

15 Sch^{e}khina bedeutet „Wohnung", einer der Ausdrücke, die als Ersatz für den unaussprechlichen Gottesnamen dienten.

16 Vgl. Elbogen, a.a.O., 28; s. ebendort 41–60: §9 „Die Tefilla – II. Wortlaut".

17 Vgl. Billerbeck, a.a.O., 233; sowie Elbogen, a.a.O., 246: „Gerade das bezeugt die weitgediehene Verbreitung und Anerkennung des Gottesdienstes, dass das Gebet nicht mehr ausschließlich Gemeindegebet ist, sondern dass der einzelne sich ebenfalls zu denselben Gebeten verpflichtet hält."

18 Vgl. Elbogen, a.a.O., 60.

19 Vgl. Elbogen, a.a.O., 93.

20 Zu der vielfachen Verwendung des Qaddisch-Gebetes vgl. Elbogen, a.a.O., 92f; sowie A. Lehnhardt, Qaddish, Untersuchungen zur Entstehung und Rezeption eines rabbinischen Gebets, Text and Studies in Ancient Judaism 87, Tübingen 2002.

21 Urtext in jüdischen Gebetbüchern bzw. zu den verschiedenen Formen des Gebets: Staerk, a.a.O. (s.S. 28, Anm. 10), 29–32.

22 Urtext bei Staerk, a.a.O., 30. Zur Übersetzung vgl. Billerbeck, a.a.O., 408–419. Vgl. weiter Fiebig, a.a.O., Bergpredigt (s.S. 28, Anm. 10), 106f.

23 Eine eingehende vergleichende Gegenüberstellung findet sich bei P. Fiebig, Das Vaterunser, BFCTh XXX, 3, Gütersloh 1927, 28–37; vgl. auch Fiebig, a. a. O. Bergpredigt (s. S. 28, Anm. 10), 106 f.

24 Vgl. Jeremias, a. a. O., Abba (s. S. 12, Anm. 2), 76: „Dass das Qaddisch, mit dem der Synagogengottesdienst schloß, aramäisch ist, ist eine Ausnahme, die darin begründet liegt, dass mit diesem Gebet der Prediger seine aramäisch gehaltene Predigt beendete."

Erklärung der sieben Bitten des Vaterunsers

1. Die Anrede: Vater

Das Gebet des Herrn beginnt mit der schlichten Anrede „Vater". Sie entspricht dem aramäischen Wort „Abba", das Jesus in seinen Gebeten gebraucht hat. Davon zeugt das intensive Gebet im Garten Gethsemane, in dem Jesus darum gerungen hat, sich in den ihm auferlegten göttlichen Willen zu fügen und den bitteren Kelch des Leidens bis zur Neige zu trinken: „Abba, mein Vater, alles ist dir möglich; nimm diesen Kelch von mir – doch nicht, was ich will, sondern was du willst." (Mk. 14,36 par.)

Diese Bezeichnung Gottes als Vater war offensichtlich so charakteristisch für Jesus, dass sie – wie das Gebet des Vaterunsers bezeugt – auch für das Gebet seiner Jünger kennzeichnend sein sollte. Der Gebetsruf „Abba" / „Vater" gewann daher in der ersten Christenheit prägende Kraft, so dass das aramäische Wort auch in der Heidenchristenheit griechischer Sprache beibehalten wurde (Gal. 4,6; Röm. 8,15).

In der synoptischen Tradition wird berichtet, dass Jesus sich stets mit der Anrede „mein Vater" an Gott gewandt habe. Im Markusevangelium gibt die Szene in Gethsemane hiervon Nachricht.[1] In der den Evangelisten Matthäus und Lukas gemeinsamen Logienüberlieferung sind es drei Belege: Mt. 6,9 par. Lk. 11,2;

Mt. 11,25 f. par. Lk. 10,21 f. (zweimal). Darüber hinaus findet sich im Matthäusevangelium ein weiteres Zeugnis: Mt. 26,42. Im Lukasevangelium sind es zwei weitere Stellen: Lk. 23,34.46. Im Johannesevangelium nehmen die Verse, in denen Jesu Gebetsanrede „Vater" genannt wird, erheblich zu (s. u. S. 36 f.), so dass sich ein einheitliches Bild ergibt: Jesus hat stets Gott als „Abba" angeredet und auch sonst von Gott als dem Vater gesprochen. Im Matthäusevangelium ist zur Anrede hinzugesetzt „in den Himmeln". Dadurch wird Gott von allen irdischen Vätern in seiner Einzigkeit deutlich unterschieden. Dabei ist der Plural ein sicherer Hinweis auf die semitische Sprachgrundlage.[2]

Im spätantiken Judentum scheute man sich, den Namen Gottes auszusprechen, um nur ja nicht das göttliche Gebot zu verletzen, das einen falschen Gebrauch des Gottesnamens streng untersagt. Man verwendete daher allerlei Ersatzbegriffe wie „Der Heilige, gepriesen sei er", „Die (göttliche) Wohnung" (= „Sch^{e}khina"), „Die Allmacht" und eben häufig auch „Die Himmel".[3] Wenn daher gesagt wird, es werde Freude sein im Himmel (Lk. 15,7), bzw. es werde Freude sein „vor den Engeln Gottes" (Lk. 15,10), so bedeutet das: Gott werde sich freuen. Der im Matthäusevangelium häufig anzutreffende Ausdruck von der „Herrschaft der Himmel" besagt genau dasselbe wie die sonst geläufige Begriffsverbindung „Herrschaft Gottes". Daher besteht auch kein Unterschied der Bedeutung zwischen der kurzen Anrede „Vater", wie sie sich im Lukasevangelium findet, und der volleren Ausdrucksweise im Matthäusevangelium „Vater in den Himmeln".[4]

Welche Voraussetzungen waren dafür gegeben, dass Jesus das Gebet, wie er es die Jünger lehrte, mit der Anrede „Vater" beginnen lässt? In der Welt des alten Orients wurde ebenso wie bei den Griechen schon in früher Zeit die Bezeichnung der Gottheit als Vater vielfach verwendet.[5] Gott wird sowohl als Ahnherr seines Volkes wie auch als mächtiger Gebieter angeredet. Die Griechen sprachen von Zeus als „dem Vater der Götter und Menschen" (Homer, Odyssee 1,28; Ilias 1,54 u. ö.).[6] Dabei ist vorausgesetzt, dass der Göttervater in einer natürlichen Verbundenheit zu den Menschen steht, die ihn verehren. Nach Vorstellung der Griechen gab es einen gleitenden Übergang zwischen der göttlichen Welt und dem irdischen Treiben der Menschen. Halbgötter und Heroen mancherlei Art tummelten sich zwischen beiden Bereichen; und die Hoffnung der Verehrer der Vatergottheit ging dahin, dass auch sie an den Kräften der himmlischen Welt teilhaben könnten. Zeus wird als väterlicher Herrscher verehrt, der über Sterbliche und Unsterbliche herrscht und mit ihnen durch sein universales Vatertum verbunden ist.

Völlig anderer Art waren die Vorstellungen, die es im alten Israel über Gott als den Vater gab. Denn der Gedanke, es könnte zwischen Gott und Menschen gleichsam eine natürliche Verwandtschaft geben, lag für Israel völlig fern. Zwischen Gott und den Menschen besteht keinerlei natürliche Verwandtschaft. Sondern Gott erweist sich durch sein geschichtliches Handeln gegenüber seinem erwählten Volk als Vater. Darum wird Israel daran erinnert, dass Gott sein Vater und Herr ist, „der dich gemacht und bereitet hat" (Dt. 32,6). Daher kann mit zuversichtlichem Vertrauen gesagt werden: „Aber nun, Herr, du bist doch unser Vater. Wir sind Ton, du bist unser Töpfer und wir alle sind deiner Hände Werk." (Jes. 64,7) Der Gott Israels darf als Vater angeredet werden: „Lieber Vater, du Vertrauter meiner Jugend." (Jer. 3,4; vgl. auch V. 19) Hat der Gott Israels doch sein Volk als seinen Sohn gerufen, indem er es kraft heiliger Liebe aus der Knechtschaft in Ägypten befreite (Hos. 11,1). Doch Israel hat immer wieder die Pflichten, die ein Sohn zu erfüllen hat, gegenüber seinem Gott versäumt, so dass ihm vor Augen gerückt wird: „Ein Sohn soll seinen Vater ehren und ein Knecht seinen Herrn. Bin ich nun Vater, wo ist meine Ehre? Bin ich Herr, wo fürchtet man mich?" (Mal. 1,6) In seinem Volk aber soll die Frage wachgehalten bleiben: „Haben wir nicht alle *einen* Vater? Hat uns nicht *ein* Gott geschaffen?" (Mal. 2,10)

In scheuem Respekt wird somit in den Schriften Israels von Gott als seinem Vater gesprochen. Seine Hoheit und Einzigkeit dürfen nicht angetastet werden. Durch Propheten und Lehrer wird Israel immer wieder daran erinnert, dass es der unvergleichlichen Vaterschaft seines Gottes im Gehorsam gegen seinen Willen und seine Gebote zu entsprechen hat: „Ihr seid Kinder des Herrn eures Gottes ... Du bist ein heiliges Volk dem Herrn, deinem Gott, und der Herr hat dich erwählt, dass du sein Eigentum seist aus allen Völkern, die auf Erden sind." (Dt. 14,1 f.)

Im nachbiblischen Judentum wird die Bezeichnung Gottes als Vater zumeist mit anderen Ausdrücken verbunden, die die Hoheit Gottes des näheren bezeichnen. Vater Israels ist er als Schöpfer, Retter und Herr. Wo sich in Gebeten die Anrede Gottes als Vater findet, wird dieser des Öfteren die Bezeichnung Gottes als König und Herrscher an die Seite gestellt. So wird in der Bußlitanei „Abinu Malkenu" jede Zeile gleich lautend mit der Anrede „Unser Vater, unser König" eingeleitet.[7] Wird ein Gebet mit der Wendung „Vater in den Himmeln" begonnen[8], so werden damit keine Erwägungen über die Transzendenz Gottes verbunden, sondern seine Hoheit wird von allen anderen, die man auch als Vater anreden könnte, deutlich unterschieden.

In der weit verzweigten rabbinischen Literatur wird sowohl an der Bezeichnung Gottes als Vater – bzw. Vater und König – wie auch an der Gebetsanrede „Unser Vater und Herrscher" festgehalten.[9] Anders aber verhält es sich mit Gebeten, die ein Einzelner spricht. Hier taucht in der jüdischen Diaspora – wohl unter Einfluss der hellenistischen Umgebung – gelegentlich die Gebetsanrede κύριε πάτερ καὶ δέσποτα ζωῆς μου (= Herr, Vater und Herrscher über mein Leben) bzw. κύριε πάτερ καὶ θεὲ ζωῆς μου (= Herr, Vater und Gott meines Lebens) auf (Sir. 23,1.4). Für das palästinische Judentum ist jedoch die Gebetsanrede Gottes als Vater, die ein Einzelner spricht, mit Sicherheit erst für spätere Zeit – d. h. nach der Zeit Jesu – bezeugt.[10] In neuerer Zeit jedoch sind einige Belege in die Diskussion eingeführt worden, die die Annahme, diese Gebetsanrede eines Einzelnen sei schlechterdings singulär, in Zweifel ziehen könnten.[11]

Auf der einen Seite sind unter den Textfunden aus Qumran zwei Aussagen bekannt geworden, in denen in Gebeten eines Einzelnen zu Gott „mein Vater" gesagt wird. So spricht im Joseph-Apokryphon der Beter die Worte „mein Vater und mein Gott".[12] Und in einem hebräischen Fragment aus Höhle 4 in Qumran heißt es: „[D]enn Du hast Deinen Diener nicht vergessen [...] Mein Vater und mein Herr."[13] Einschränkend muss freilich beachtet werden, dass neben die Gebetsanrede als „Vater" die Bezeichnung als „Herr" gesetzt wird, so dass der Vater zugleich als der gebietende Herrscher verstanden wird.

Auf der anderen Seite haben neuere Untersuchungen an den Targumim – d. h. den aramäischen Paraphrasen biblischer Texte – Hinweise auf die Gebetsanrede eines Einzelnen an Gott als seinen Vater in die Diskussion eingeführt. So heißt es im Targum zu Ps. 89,27: „Er wird zu mir rufen: Mein Vater bist du, mein Gott."[14] Auch zu diesem Satz ist jedoch eine Einschränkung geltend zu machen. Denn die Bezeichnung Gottes als Vater wird im selben Atemzug mit der ihm eigenen Hoheit als der eine Gott verbunden.[15]

Somit liegt kein zwingendes Argument vor, das gegen den Befund geltend zu machen wäre: dass im palästinischen Judentum der vorchristlichen Zeit die Gebetsanrede „Abba" / „Vater" nirgendwo im Mund eines einzelnen Beters nachgewiesen werden kann. Umso deutlicher tritt dagegen die besondere Eigenart des Betens Jesu hervor. Für Jesus ist sowohl die Bezeichnung Gottes als Vater wie vor allem die Gebetsanrede „Abba" / „Vater" in Verkündigung und Wirksamkeit von zentraler Bedeutung gewesen.[16]

Wie Jesus zu Gott als dem Vater rufen konnte, ohne diese Anrede mit irgendeinem anderen Wort zu verbinden, so hat er auch immer wieder von Gottes Vatergüte gesprochen.[17] Es ist ein Zeichen seiner Barmherzigkeit, dass der Vater im Himmel seine Sonne aufgehen lässt über Böse und Gute und regnen lässt über Gerechte und Ungerechte (Mt. 5,44 f.). Kein Sperling fällt ohne den Vater zur Erde (Mt. 10,29). Werden schon irdische Väter bereit sein, ihren Kindern gute Gaben zu geben, so wird umso mehr der Vater im Himmel Gutes geben denen, die ihn bitten (Mt. 7,11 par. Lk. 11,13). Der Vater, der seinen verlorenen Sohn heimfinden sieht und ihm entgegeneilt, schließt ihn voller Freude in die Arme. So freut sich auch Gott im Himmel über einen Sünder, der von seinem Weg umkehrt (Lk. 15,11 – 32.1 – 10).

Als Petrus sich zu Jesus als dem Christus bekennt, antwortet Jesus, dass Gott als der himmlische Vater ihm diese Überzeugung geschenkt habe (Mt. 16,17). Darum begreift die Gemeinde, dass ihr Herr in seinem gesamten Handeln festes Vertrauen zum Vater bewährt und von ihm seine Vollmacht empfängt. Wie dem auferstandenen Herrn alle Gewalt im Himmel und auf Erden gegeben ist, so spricht nach Mt. 11,25 f. (par. Lk. 10,21 f.) Jesus aus, von wem er mit unvergleichlicher Vollmacht ausgestattet wurde: „Ich preise dich, Vater, Herr des Himmels und der Erde, weil du dies den Weisen und Klugen verborgen hast und hast es den Unmündigen offenbart. Ja, Vater, denn so hat es dir wohlgefallen. Alles ist mir übergeben von meinem Vater, und niemand kennt den Sohn als nur der Vater, und niemand kennt den Vater als nur der Sohn und wem es der Sohn offenbaren will."

Zwar kann zu diesen Sätzen eine semitische Sprachgrundlage aufgespürt werden[18]; doch lässt sich aus dieser Beobachtung nicht ableiten, dass es sich mit Bestimmtheit um ein Wort des historischen Jesus handeln müsse.[19] Vielmehr wird man „diesen Spruch der palästinischen Urgemeinde zusprechen dürfen und mit einer ursprünglich aramäischen Fassung zu rechnen haben".[20] In diesen Worten wird betont, dass Jesus in vollkommener Einheit mit dem Willen des Vaters handelte und sich ihm als der Sohn gehorsam unterordnete.[21] Wurde die vertrauensvolle Anrede „Abba" / „Vater" von Kindern gegenüber ihren Vätern verwendet[22], so darf die Gebetsanrede, mit der Gott „Abba" / „Vater" genannt wird, zum festen Bestand der „ipsissima vox Jesu" gezählt werden.[23]

Die hymnischen Worte, mit denen Mt. 11,25 – 27 die unvergleichliche Vollmacht beschrieben wird, die der Vater dem Sohn gegeben hat, stellen gleichsam eine Brücke zu den zahlreichen Sätzen dar, mit denen im Johannesevangelium das einzigartige Verhältnis des Vaters zum Sohn immer wieder beschrieben wird.[24] Damit geht das vierte Evangelium über die Synoptiker hinaus und hebt das Verhältnis des Sohnes zum Vater, der ihn in die Welt gesandt hat, in seiner schlechthin bestimmenden Bedeutung hervor. Wird schon im einleitenden Prolog vom Fleisch gewordenen Logos gesagt, dass an ihm „eine Herrlichkeit als des eingeborenen Sohnes vom Vater, voller Gnade und Wahrheit" erkannt werden konnte (1,14), so wird dann im Johannesevangelium immer wieder vom einzigartigen Verhältnis des Sohnes zum Vater gesprochen, der ihn in die Welt gesandt hat.[25] Liebt der Vater den Sohn und hat er daher ihm alles in seine Hand gegeben (Joh. 3,35), so weiß sich der Sohn in seiner Verkündigung wie auch in seinem gesamten Wirken mit der Vollmacht ausgestattet, die der Vater ihm gegeben hat. Die Werke des Vaters werden gleicherweise vom Sohn getan (Joh. 5,19 – 23).

Mit geradezu monoton anmutender Wiederholung wird vom johanneischen Christus darauf hingewiesen, dass der Vater ihn gesandt hat (Joh. 5,36 f.; 6,57; 8,16.18; 10,36; 12,49; 14,24; 20,21). Spricht Jesus von Gott als seinem Vater (Joh. 6,32.37.40 u. ö.), so kann er auch mit Nachdruck geltend machen, dass er redet, wie der Vater es ihm aufgegeben hat (Joh. 8,28.38; 12,50). In der bevorstehenden Stunde des Abschieds betet der johanneische Christus zu Gott als seinem Vater und legt sein Geschick voller Vertrauen in seine Hände: „Vater, die Stunde ist da; verherrliche deinen Sohn, damit der Sohn dich verherrliche." (Joh. 17,1) „Und nun, Vater, verherrliche du mich bei dir mit der Herrlichkeit, die ich bei dir hatte, ehe die Welt war." (Joh. 17,5) Und weiter: „Heiliger Vater, erhalte sie (d. h. die Jünger) in deinem Namen, den du mir gegeben hast." (Joh. 17,11) Der Vater wird gebeten, dem Sohn seinen letzten Willen zu erfüllen: „Vater, ich will, dass, wo ich bin, auch die bei mir seien, die du mir gegeben hast." (Joh. 17,24) Und: „Gerechter Vater, die Welt kennt dich nicht; ich aber kenne dich." (Joh. 17,25) Der vierte Evangelist will mit diesen Sätzen betonen, „dass nicht irgend ein sinnloses oder feindliches Schicksal Jesus zum Kreuz geführt hat, sondern dass er als der vom Vater in die Welt Gesandte dorthin gegangen ist".[26]

Den Jüngern Jesu wird aufgegeben, in aller Schlichtheit ihre Gebete an Gott den Vater zu richten, den sie mit dem vertrauensvollen Wort „Abba" anreden dürfen und sollen. Dieser Anrede ist nichts hinzuzufügen. Hat Jesus zu Gott „Abba" / „mein Vater" gesagt, so dürfen die Jünger ihm nachsprechen und zu Gott als „Abba" / „unser Vater" rufen. Gott den Vater zu nennen, dem man sich zuwenden darf, muss in der ersten Christenheit alsbald zu so fester Überzeugung geworden sein, dass der Apostel Paulus in den Anfangsworten seiner Briefe stets von Gott dem Vater und dem Herrn Jesus Christus sprechen kann.

Im Vergleich zu zeitgenössischen jüdischen Gebeten fällt die „Straffung auf, die zu der Schlichtheit und Bündigkeit" der Bitten des Vaterunsers führt.[27] Alle, die im Namen Jesu „unser Vater" sagen dürfen, sind zur „familia Dei" zusammengeschlossen.[28] Mit der Anrede Gottes als Vater wird gleichsam mit einer Heilszusage eingesetzt. Der helle Klang, mit dem das Gebet beginnt, durchzieht alle folgenden Bitten. Die Anrede Gottes als „Vater" wurde in zeitgenössischen jüdischen Gebeten durchweg mit weiteren Prädikaten verbunden, die auf Gottes herrscherliche Würde hinweisen. Im Gebet Jesu aber gibt die vertrauensvolle Anrede Gottes als „Vater" die Richtung an.[29] Ist er doch der Vater, an den sich seine Kinder allezeit in ungeteiltem Vertrauen wenden dürfen.[30]

Anmerkungen

1 Vgl. hierzu und zum Folgenden die Übersicht bei J. Jeremias, Neutestamentliche Theologie I (s. S. 12, Anm. 4), 68.

2 Vgl. G. Dalman, Die Worte Jesu I, ²Leipzig 1930, 302f.

3 Vgl. G. Schrenk, ThWNT V, 981.

4 Von der Gebetsanrede ist die Bezeichnung Gottes als Vater, wie sie sich häufig in der Verkündigung Jesu bzw. der synoptischen Tradition findet, zu unterscheiden. Vgl. dazu weiter S. 34–36.

5 Vgl. hierzu die Übersicht bei G. Schrenk, ThWNT V, 948–950.

6 Weitere Belege bei G. Schrenk, a. a. O., 952f.

7 Vgl. K. G. Kuhn, a. a. O. (s. S. 16, Anm. 4), 9f.
8 So in Gebetstexten, auf die Schrenk, a. a. O., 979f., hinweist. Vgl. auch Billerbeck I, 410.
9 Vgl. Schrenk, a. a. O., 980f.
10 So mit Nachdruck J. Jeremias, Abba (s. S. 12, Anm. 2), 63: „daß die Anrede Gottes mit Abba in den jüdischen Gebeten nirgendwo belegt ist". Ebenso, Neutestamentliche Theologie I (s. S. 12, Anm. 4), 68–73.
11 Vgl. Philonenko, Vaterunser (s. S. 27, Anm. 1), 38–43.
12 4 Q 372 Fragment 1,16. Vgl. Philonenko, Vaterunser, 39.
13 4 Q 460 Fragment 5,I,5. Vgl. Philonenko, ebd.
14 Vgl. Philonenko, Vaterunser, 38f.
15 Vgl. auch M. Hengel, Der Sohn Gottes, Tübingen 1975, 73.99.
16 Vgl. die vorsichtige, aber vollauf zutreffende Feststellung durch O. Cullmann, Das Gebet im Neuen Testament, Tübingen 1994, 54: „daß das, was im Judentum auch vorkommt, ohne dort typisch zu sein, im Vaterunser eine besonders geprägte Tiefe dadurch erhält, daß es nicht nur in den Gebetsweisungen Jesu, sondern in seiner ganzen Verkündigung verankert ist."
17 Vgl. Schrenk, a. a. O., 990–992.
18 Vgl. die eingehenden Ausführungen von J. Jeremias, Neutestamentliche Theologie I, 62–67.
19 Vgl. die sorgfältige Abwägung des Pro und Contra bei F. Hahn, Christologische Hoheitstitel FRLANT 83, 5Göttingen 1995, 322–326.
20 So Hahn, a. a. O., 322.
21 So mit Hahn, a. a. O., 326.
22 „Abba" wird nicht nur als Anrede des Vaters durch Kleinkinder verwendet, sondern auch von größeren und älteren Kindern, die ihr Vertrauensverhältnis zum Vater mit besonderer Herzlichkeit benennen wollen. Belege bei Jeremias, Abba, a. a. O. (s. S. 12, Anm. 2), 63f.; Neutestamentliche Theologie I (s. S. 12, Anm. 4), 73.
23 So mit Hahn, a. a. O., 475 in grundsätzlicher Zustimmung zu dem Urteil von J. Jeremias: „Diese Anredeform ist als ipsissima vox Jesu anzusehen und für ihn von zentraler Bedeutung gewesen."
24 Vgl. Schrenk, a. a. O., 996–1004.
25 Vgl. E. Haenchen, „Der Vater, der mich gesandt hat", in: NTS 9 (1962/63), 208–216 (= Gott und Mensch, Gesammelte Aufsätze, Tübingen 1965, 68–77).
26 Vgl. Haenchen, a. a. O., 77.
27 Vgl. Philonenko, Vaterunser, 30. Vgl. Dalman, a. a. O., 286, mit Hinweis auf Qoh. 5,1, wo es heißt: „Gott ist im Himmel und du auf Erden. Darum laß deiner Worte wenig sein."
28 Vgl. U. Luz, Das Evangelium nach Matthäus, EKK I/1 (Mt. 1–7), Zürich/Neukirchen 1985, 341.
29 Vgl. O. Cullmann, Das Gebet im Neuen Testament, Tübingen 1994, 54.
30 Zur Bezeichnung Gottes als Vater vgl. weiter A. Strotmann, ‚Mein Vater bist du' (Sir. 51,10). Zur Bedeutung der Vaterschaft Gottes in kanonischen und

nichtkanonischen frühjüdischen Schriften, FTS 39, Frankfurt M. 1991; A. Böckler, Gott als Vater im Alten Testament. Traditionsgeschichtliche Untersuchungen zur Entstehung und Entwicklung eines Gottesbildes, [2]Gütersloh 2002; E. Töngses, „Unser Vater im Himmel". Die Bezeichnung Gottes als Vater in der tannaitischen Literatur, BWANT 147, Stuttgart 2003.

2. Die erste Bitte: Geheiligt werde dein Name

Das Vaterunser ist klar gegliedert: Der erste Abschnitt, der nach der Matthäusfassung drei, nach dem Lukasevangelium hingegen nur zwei kurze Sätze umfasst, ruft Gott, den himmlischen Vater, mit „Du" an und verbindet den Lobpreis mit der Bitte, sein gnädiges Handeln Wirklichkeit werden zu lassen. Der zweite Teil – nach Matthäus mit vier, nach Lukas nur mit drei Sätzen – ist auf das „Wir" der betenden Gemeinde gerichtet und erbittet Gottes barmherziges Wirken für die Bedürfnisse der Jünger Jesu – leiblichen wie auch geistlichen. Die abschließende Doxologie fasst sodann das Ganze in einem Satz gläubiger Verehrung Gottes des Vaters zusammen. In seiner Knappheit und präzisen Begrifflichkeit enthält dieses kurze Gebet alles, was zum Leben der Kinder Gottes vonnöten ist.

Der Anfang ist von beiden Zeugen – dem Matthäus- und dem Lukasevangelium – in völliger Übereinstimmung gleichlautend überliefert. An erster Stelle steht der kurze Satz: Geheiligt werde dein Name. Damit folgt das Gebet dem Vorbild vergleichbarer jüdischer Gebete aus alter Zeit. So heißt es im Qaddisch, das sowohl im Gottesdienst der Synagoge wie auch im Gebet des Einzelnen bei verschiedenen Gelegenheiten gesprochen wurde: „Verherrlicht und geheiligt werde sein großer Name in der Welt, die er nach seinem Willen geschaffen hat. Und er lasse sein Reich herrschen und seine Erlösung sprossen – während eures Lebens und eurer Tage und des Lebens des ganzen Hauses Israel, alsbald und in naher Zeit. Und sprechet: Amen." Die beiden ersten Sätze des

Vaterunsers entsprechen diesem Vorbild und verknüpfen die Bitte um die Heiligung des Gottesnamens mit der um das Kommen seiner Herrschaft. In beiden Sätzen, die ohne Kopula aneinander gefügt sind, steht das Verbum am Anfang. Damit weist die griechische Fassung deutlich auf eine semitische Grundgestalt hin.

Die gedankliche Nähe, die das Qaddisch im Vergleich zum Vaterunser auszeichnet, ist in den folgenden Worten noch deutlicher zu erkennen: „Sein großer Name sei gepriesen in alle Ewigkeiten. Gesegnet, gepriesen, verherrlicht sei ... sein heiliger Name. Gepriesen sei er in der Höhe von allen Lobpreisungen, Liedern, Preisungen, Tröstungen, die in der Welt gesprochen werden. Und sprechet: Amen!" Derselbe Gedanke, der der Heiligkeit des göttlichen Namens gilt, lautet im Achtzehngebet so: „Heilig bist du und furchtbar dein Name, und kein Gott ist außer dir. Gepriesen seist du, Herr, heiliger Gott."[1]

Wer den Namen eines anderen kennt und ihn zu nennen weiß, gewinnt Verbindung zu ihm und kann ihn um Erfüllung des einen oder anderen an ihn gerichteten Wunsches bitten. Der Name Gottes wurde im Judentum stets mit besonderer Ehrfurcht geachtet und daher nicht ausgesprochen, sondern durch vielfältige Ersatzbegriffe umschrieben (s. o. S. 31). Einer dieser Begriffe ist der „Name" ohne jeden weiteren Zusatz.

Israel ist dadurch in unvergleichlicher Weise ausgezeichnet, dass Gott ihm seinen heiligen Namen bekannt gemacht hat. Nach Gen. 32,30 suchte Jakob den Namen der Erscheinung zu erfahren, der er am Jabbok begegnet war: „Sage doch, wie heißest du?" Gott gibt seinen Namen gegenüber Abraham kund: „Ich bin der allmächtige Gott; wandle vor mir und sei fromm." (Gen. 17,1) Gott gibt dem Mose seinen Namen zu erkennen: „Ich werde sein, der ich sein werde" (Ex. 3,14); bzw.: „Ich bin der Herr." (Ex. 6,2) Und im Richterbuch heißt es: „Manoach sprach zum Engel des Herrn: Wie heißt du? Denn wir wollen dich ehren, wenn nun eintrifft, was du gesagt hast. Aber der Engel des Herrn sprach zu ihm: Warum fragst du mich nach meinem Namen?" (Ri. 13,17 f.)[2]

Wer den Namen des Gottes Israels kennt, weiß, wie er ihn anrufen soll. „Den Namen des Herrn anrufen" wird daher zu einer festen Wendung, mit der die Verehrer des Herrn bezeichnet werden (Gen. 4,26; 12,8; 13,4; 21,33; 26,25; Ex. 34,5; 1. Kön. 18,24 u. ö.). Da das Tetragramm nicht ausgesprochen, sondern durch Umschreibungen – wie „Der Herr" – aufgenommen wurde, wurde dann im urchristlichen Sprachgebrauch der Kyrios auf Christus bezogen, so dass „den Namen des Herrn anrufen" bedeutete: den Namen des gekreuzigten und auferstandenen Christus anrufen und ihn in der gottesdienstlichen Versammlung preisen (Röm. 10,13; Apg. 2,21 u. ö.).

Der Name des Herrn kann aber auch missbraucht werden, indem man ihn zu verbotenen eigenmächtigen Zwecken einzusetzen sucht. Darum werden Zauberei und Beschwörung mit dem Gottesnamen auf das strengste untersagt (Ex. 20,7; Dt. 5,11). Ist doch der Name des Herrn ein Geschenk der Offenbarung, durch die Gott sich bekannt gemacht und zugesagt hat, auf die Gebete der Seinen zu hören.[3] Da der Name geradezu zum Wechselbegriff für JHWH wird, zeigt er sein personhaftes Walten und Wirken an.[4] Die von ihm vollzogene Erwählung bekräftigt der Herr, indem er an dem von ihm bestimmten Ort „seinen Namen wohnen läßt" (Dt. 12,11; 14,23; 16,11 u. ö.), wo er angerufen werden soll und kann. Indem der Name Gottes dort verehrt wird, ist damit die Gegenwart Gottes verbürgt und Erhörung der an ihn gerichteten Gebete zugesagt. Gleichwohl ist der Gott Israels nicht darauf beschränkt, dass er allein an den Tempel gebunden wäre. Er thront in den himmlischen Höhen und herrscht über alle Welt. Doch hat er durch Mitteilung seines Namens kundgetan, wie er angeredet und verehrt werden will.

Gott hat seinen Willen demonstriert, indem er versprochen hat, seinen unvergleichlichen Namen heiligen zu wollen (Ez. 36,22). Die Propheten müssen Israel immer wieder vorhalten, den Namen seines Gottes nicht geheiligt, sondern entweiht zu haben (ebd.). Wo jedoch dem Namen des heiligen Gottes die ihm geschuldete Ehre erwiesen wird, da wird der Heilige Jakobs geheiligt und der Gott Israels gefürchtet (Jes. 29,23). Wer den Namen Gottes kennt, ist ihm gegenüber zu Gehorsam und Dienst verpflichtet. Denn die Heiligkeit Gottes soll das ganze Leben der Seinen bestimmen: „Ihr sollt heilig sein; denn ich bin heilig." (Lev. 11,45 u. ö.)

Als heilig gilt, was profanem Gebrauch entzogen und Gott als dem alleinigen Herrn übereignet wurde. Darum ist der Sabbat heilig und entsprechend zu achten (Ex. 20,8; Dt. 5,12). Heilige Gegenstände wirken dahin, dass sie die Hände der Menschen, die sie berühren, unrein werden lassen. Gottes Hoheit zeichnet seinen Namen als heilig aus. Denn er selbst steht für dessen Heiligkeit ein. Haben Menschen immer wieder seinen Namen entheiligt, so wird doch Gott seinen großen Namen heiligen, damit „die Heiden erfahren, dass ich der Herr bin, wenn ich vor ihren Augen an euch zeige, dass ich heilig bin" (Ez. 36,23).

Der Name Gottes wird entheiligt durch Götzendienst (Lev. 18,21; 20,3 u. ö.), durch Übertretung kultischer Vorschriften (Lev. 21,6; 22,2.32 u. ö.) sowie durch Ungehorsam gegen Gottes Gebote (Jer. 34,16; Ez. 36,20 ff.; Am. 2,7 u. ö.). Gottes Name wird jedoch geheiligt durch Gehorsam gegen seinen Willen. Der heilige Gott „wird sich heilig erweisen in Gerechtigkeit" (Jes. 5,16). Was „heiligen" bedeutet, kann auch durch „verherrlichen" ausgedrückt werden, wie der Gottesspruch lautet: „Unter denen, die mir nahen, will ich mich heiligen, und vor der ganzen Gemeinde will ich mich verherrlichen" (Lev. 10,3), bzw.: „Ich will mich verherrlichen an dir … und will mich heiligen an dir." (Ez. 28,22)

Sowohl im antiken Judentum wie auch im frühen Christentum werden die vom Alten Testament vorgegebenen Linien ausgezogen. Zum Gott Israels wird gerufen, er möge seinen Namen heiligen um derer willen, die seinen Namen heiligen.[5] Den Namen Gottes zu kennen, bedeutet, ihn zu preisen, wie die Engel Gott loben: „Gepriesen seist du und gesegnet sei der Name des Herrn bis in alle Ewigkeit." (Äth. Hen. 46,7 f.)[6] Heiligen des göttlichen Namens geschieht durch Befolgung seiner Gebote, durch die ihm alle gebührende Ehre erwiesen wird.[7]

Überzeugung der ersten christlichen Gemeinden ist es, dass alle, die auf den Namen des Kyrios getauft sind, dadurch geheiligt wurden, so dass ihr ganzes Leben Gott zu gehören hat (1. Kor. 6,11). Jesus ist am Kreuz gestorben, um sein Volk durch sein eigenes Blut zu heiligen (Hebr. 13,12). Darum gilt: „Wer heilig ist, der sei weiterhin heilig." (Apk. 22,11)

Mit besonderem Nachdruck wird im Johannesevangelium von der Heiligung des göttlichen Namens gesprochen. Jesus betet zum Vater mit den Worten: „Verherrliche deinen Namen." Eine Stimme vom Himmel ruft: „Ich habe ihn verherrlicht und will ihn abermals verherrlichen." (Joh. 12,28) Und im hohepriesterlichen Gebet tritt Jesus für die Jünger mit den Worten ein: „Heilige sie durch die Wahrheit; dein Wort ist die Wahrheit ... Ich heilige mich selbst für sie, damit sie in Wahrheit geheiligt sind." (Joh. 17,17.19) Die Verherrlichung des göttlichen Namens wird vollendet in der Stunde, in der der Menschensohn verherrlicht wird (Joh. 12,23), so dass im Christusgeschehen der Name Gottes alle Heiligkeit und Ehre erfährt.[8]

Gottes Namen zu heiligen, bedeutet, ihn zu preisen. Im Gottesdienst wird das Trishagion angestimmt und „Heilig, heilig, heilig" gerufen (Jes. 6,3; Apk. 4,8). Die im Namen des Kyrios versammelte Gemeinde aber spricht: „Wir danken dir, heiliger Vater, für deinen heiligen Namen, den du in unseren Herzen hast zelten lassen." (Did. 10,2)

Die Bitte um Heiligung des göttlichen Namens ist an den Anfang des Gebetes gesetzt: Die Heiligung möge nicht allein durch den schwachen Lobpreis von Menschen, sondern von Gott selbst vollzogen werden. Die passive Formulierung zeigt an, dass ein Handeln Gottes erbeten wird. In ehrfürchtiger Redeweise, wie sie im zeitgenössischen Judentum vielfach verwendet wurde, wird der Gottesname nicht ausgesprochen, sondern durch das „Passivum divinum" angedeutet. Diese Weise der Formulierung wird des Öfteren in den Schriften des Neuen Testaments verwendet[9]; so z. B. in den Seligpreisungen, wie sie am Anfang der Bergpredigt stehen: „Selig sind, die da Leid tragen; denn sie sollen getröstet werden", d.h. Gott wird sie trösten (Mt. 5,4). Mit der passiven Formulierung wird jeweils auf Gottes Handeln verwiesen, durch das er das Heil heraufführt.[10]

Die Heiligkeit des Gottesnamens kann letztlich nicht durch menschliches Bemühen – und sei es noch so demütig – hergestellt werden, sondern wird durch Gottes Handeln bewirkt, dem voll gläubigen Vertrauens die Ehre erwiesen wird. „Sein Name ist seine Person, die an sich selbst heilig ist, in ihrer Heiligkeit aber offenbar werden soll."[11] Die Bitte ist wie im Qaddisch und in anderen zeitgenössischen jüdischen Gebeten mit der folgenden Bitte um das Kommen des Gottesreiches eng verbunden.[12] Die Heiligung des Namens Gottes wird erst dann in vollem Umfang verwirklicht sein, wenn Gott sein wird „alles in allem" (1. Kor. 15,24).[13] Im Verständnis der Gemeinde, die sich zu Jesus Christus als dem Heiligen Gottes bekennt (Mk. 1,24 par.; Joh. 6,69), ist der zu heiligende Gottesname der Name des Vaters und des Sohnes und des Heiligen Geistes, in dessen Vollmacht sie aller Welt das Evangelium zu bezeugen hat (Mt. 28,19 f.).

Sind in jüdischen Gebeten die Heiligkeit des Gottesnamens und die Königsherrschaft Gottes fest aufeinander bezogen[14], so macht es das Außerordentliche der Verkündigung Jesu aus, dass er den Begriff der Gottesherrschaft zum zentralen Inhalt seiner Verkündigung macht und mit dem Hinweis auf Gottes gütige Vaterschaft verbindet.[15] Dabei ist mit keiner Silbe von nationalen oder politischen Erwartungen die Rede, sondern die Bitte wird in äußerster Knappheit und Kürze auf nichts anderes als eben darauf gerichtet, dass Gottes Name geheiligt werden möge.

Anmerkungen

1 3. Benediktion in der palästinischen Fassung; weitere jüdische Gebetstexte, die zum Vergleich zu beachten sind, bei Billerbeck I, 408–418; sowie Dalman, Worte Jesu I, 304–310; Philonenko, Vaterunser (s. S. 27, Anm. 1), 28–31.

2 Weitere Belege bei H. Bietenhard, ThWNT V, 254 f.

3 Vgl. Bietenhard, a. a. O., 254.

4 Vgl. Bietenhard, ebd., 255.

5 So Tanna de-be Elijjahu 21 E; vgl. O. Procksch, ThWNT I, 99.
6 Vgl. Bietenhard, a.a.O., 266.
7 Vgl. Billerbeck I, 412f.
8 Vgl. weiter Bietenhard, a.a.O., 271.
9 Vgl. J. Jeremias, Neutestamentliche Theologie I, 20–24; sowie Philonenko, Vaterunser, 44f.
10 Vgl. Procksch, a.a.O., 113.
11 Vgl. Procksch, ebd.
12 Vgl. R. Bultmann, Jesus, Tübingen 1951, 152f.
13 Dass in jüdischen Gebeten – wie dann auch im Vaterunser – die Heiligung des Gottesnamens sowohl im Lobpreis von Menschen wie auch durch Gottes Eingreifen erbeten wird, zeigt A. Steudel, Die Heiligung des Gottesnamens im Vaterunser, Erwägungen zum antik-jüdischen Hintergrund, in: L. Döring/H.-G. Waubke/F. Wilk (Hg.), Judaistik und neutestamentliche Wissenschaft, FRLANT 226, Göttingen 2008, 242–256.
14 Den späteren rabbinischen Sprachgebrauch, in dem „Heiligung des Namens (Gottes)" vielfach auf das Martyrium bezogen wurde, erörtert F. Avemarie, Zeugnis in Öffentlichkeit, ebd. (s. Anm. 13), 257–278.
15 Vgl. M. Hengel, Zur matthäischen Bergpredigt und ihrem jüdischen Hintergrund, in: ThR 52 (1987), 327–400.385 (= Judaica, Hellenistica et Christiana, Kleine Schriften II, WUNT 109, Tübingen 1999, 278).

3. Die zweite Bitte: Dein Reich komme

Ohne ein verbindendes „und" wird die zweite Bitte an die erste angeschlossen. Wie im Qaddisch-Gebet sind die Heiligung des göttlichen Namens und die Königsherrschaft Gottes auf das engste miteinander verknüpft. Dabei tritt der eschatologische Bezug deutlich hervor.[1] In jüdischen Gebeten der alten Zeit wird immer wieder zu Gott gerufen, er möge bald seine Herrschaft heraufführen, die bösen Feinde Israels niederwerfen und das Reich Davids wieder aufrichten. So heißt es im Achtzehngebet in der 11. Benediktion: „Bringe wieder unsere Richter wie vordem und unsere Ratsherren wie zu Anfang, und sei König über uns, du allein. Gepriesen seist du, Herr, der das Recht lieb hat."[2]

Der Begriff der „Königsherrschaft Gottes" ist in seiner inhaltlichen Bedeutung von seinen alttestamentlich-jüdischen Voraussetzungen bestimmt.[3] Dabei sind die Begriffsverbindungen „Herrschaft Gottes“ bzw. „Herrschaft der Himmel“ bedeutungsgleich, weil der heilige Gottesname – ehrfürchtiger Redeweise des Judentums folgend – durch die Nennung des Himmels vermieden bzw. ersetzt wird. Wird auf die „Herrschaft Gottes“ hingewiesen, so wird damit eine verbale Aussage aufgenommen, wie sie sich des Öfteren in den alttestamentlichen Schriften findet: „Dein Gott ist König.“ (Jes. 52,7; Ps. 93,1; 97,1 u. ö.) Diese Aussage wird als Zuspruch dem Volk Gottes zugerufen. Ist vom „Reich“ Gottes die Rede, so ist damit nicht ein abgegrenzter Bereich gemeint, sondern wird vom königlichen Regiment gesprochen.[4] Nach dem Verständnis des zeitgenössischen Judentums ist Gott König und Herr über Israel, hat dieses doch mit der Verpflichtung auf die Thora das Joch der Gottesherrschaft auf sich genommen. In der Welt aber ist Gottes Regiment noch nicht sichtbar aufgerichtet; Heiden und Gottlose treiben ihr Wesen. Doch ihre Frist ist bemessen und wird in Kürze ablaufen.

Dann wird der Tag kommen, dem sich die Frommen sehnend entgegenstrecken: „Laß Kummer und Seufzen von uns weichen, und sei König über uns allein, in Huld und Barmherzigkeit, in Gnade und Recht“ – so wird von gläubigen Juden an jedem Tag zu Gott gerufen.[5] Das andringende Gebet der Gemeinde lautet: „Deine Herrlichkeit möge sichtbar werden und deine Majestät erkannt werden … Und jetzt tue eilends deine Herrlichkeit kund und zögere nicht mit dem, was von dir verheißen ist.“ (Syr. Bar. 21,23.25) Die Beter sind gewiss, dass ihre Bitte in Erfüllung gehen wird. Dann wird die große Wende anbrechen, die alles verwandelt: „Über aller Kreatur erscheint seine (d. h. Gottes) Königsherrschaft. Dann gibt es keinen Satan mehr. Die Traurigkeit entflieht mit ihm … Der Himmlische steht von seinem Herrschersitz auf“, die Erde erbebt, und das große Gericht wird gehalten (Himmelfahrt des Mose 10,1 – 3). Dann wird der neue Äon anbrechen, in dem Gott König über alles ist.

Jesus nimmt aus der endzeitlichen Erwartung des Judentums den Begriff der Gottesherrschaft auf, gibt ihm jedoch eine neue inhaltliche Prägung. Das Kommen der Gottesherrschaft wird von der Verknüpfung mit politischer Erneuerung gelöst. Mit keinem Wort ist von der Niederwerfung der fremden Gewalten oder vom Triumph über die Heiden die Rede; sondern es wird ausschließlich gesagt, dass Gottes Herrschaft kommt. Ihr Kommen ist nicht, wie es nach jüdischem Verständnis vorgestellt wurde, an Bedingungen gebunden. Weder wird es abhängig gemacht vom Ablauf einer bestimmten Folge apokalyptischer Ereignisse noch vom Gehorsam Israels gegen das Gesetz, der den Beginn der Messiaszeit beschleunigen könnte.

Nach Mk. 1,15 beginnt Jesus seine öffentliche Wirksamkeit mit dem Ruf: „Erfüllt ist die Zeit, und die Herrschaft Gottes ist nahe herbeigekommen. Kehrt um und glaubt an das Evangelium." Wie die Einleitung, die auf die Erfüllung der Zeit hinweist, und der Schluss des Satzes, der den urchristlichen Begriff „Evangelium" nennt, erkennen lassen, liegt eine Formulierung des Evangelisten vor. Mit der Ankündigung der kommenden Herrschaft Gottes und dem Aufruf zur Umkehr hat der Evangelist jedoch die Predigt Jesu sachlich zutreffend zusammengefasst. Von der eschatologischen Erwartung der frühen Christenheit unterscheidet sich diese Ansage darin, dass nicht von der Parusie des Kyrios die Rede ist; von der endzeitlichen Erwartung des Judentums hebt sie sich ab, weil keinerlei Bezug auf die Wiederherstellung nationaler Herrlichkeit des Gottesvolkes vorliegt.

Mit seiner Ankündigung der nahenden Gottesherrschaft setzt Jesus sich in scharfen Widerspruch zu den politischen und religiösen Aktivisten seiner Zeit. Die Zeloten wollten mit Gewalt gegen die römische Besatzungsmacht angehen und die heidnische Regierung beseitigen. Sie waren der Meinung, durch ihren Einsatz der messianischen Zeit und der Wiederherstellung des Reiches Davids Bahn brechen zu können. Von ihnen unterschied sich die Bewegung der Pharisäer und ihrer zahlreichen Anhänger. Sie hofften, nicht durch politisches Handeln, wohl aber durch religiöses Bemühen, streng befolgten Gehorsam gegen das Gesetz und sorgsame Übung der Frömmigkeit könne man darauf einwirken, dass die göttlichen Verheißungen erfüllt werden und an die Stelle der fremden Tyrannei und des Elends Israels die messianische Herrlichkeit tritt. Jesus aber sagt sowohl dem politischen Messianismus als auch allen Programmen religiöser Bewältigung der Zukunft eindeutig ab und lässt sich weder auf eine religiöse Ideologie noch auf eine erdachte Utopie ein. Die entscheidende Wende, die alles verwandeln wird, soll nicht durch Handeln von Menschen herbeigeführt werden, sondern sie ist menschlicher Verfügung schlechthin entnommen, sie kommt durch Gott allein. Es gilt daher, aus dieser Ansage die einzig angemessene Folgerung zu ziehen: umzukehren und sich Gott zuzuwenden.

Das Kommen der Gottesherrschaft steht nahe bevor. Dass die Gottesherrschaft als zukünftige Größe vorgestellt ist, geht eindeutig aus den Sprüchen hervor, die vom Eingehen in die zukünftige Gottesherrschaft handeln:[6] „Nicht jeder, der zu mir sagt ‚Herr, Herr', wird in die Gottesherrschaft eingehen, sondern der den Willen meines Vaters im Himmel tut." (Mt. 7,21) „Wenn dich dein Auge ärgert, so wirf es weg. Es ist dir besser, einäugig in die Gottesherrschaft einzugehen, als mit zwei Augen in die Hölle geworfen zu werden." (Mk. 9,47)

Nach der Erwartung der jüdischen Apokalyptik müssen bestimmte Zeichen sichtbar werden, an denen erkannt werden kann, wie nah das Ende ist und wann die große Wende eintreten wird. Als Jesus von Pharisäern gefragt wird, wann die Gottesherrschaft kommt, antwortet er: „Die Herrschaft Gottes kommt nicht so, dass man's beobachten kann." (Lk. 17,20) Man kann also nicht gewisse Vorzeichen beobachten, an denen man ablesen kann, wann es so weit ist. „Noch wird man sagen: Siehe, hier oder da. Denn siehe, die Herrschaft Gottes ist mitten unter euch." (Lk. 17,21) Mit der Wendung „mitten unter euch" ist nicht etwa die Gottesherrschaft als eine Größe der Innerlichkeit beschrieben, die in den Herzen der Menschen Platz hat. Der Kontext legt vielmehr eindeutig den zukünftigen Charakter der Gottesherrschaft fest (V. 21: „Man *wird* auch nicht sagen"; V. 22 ff.: vom Kommen des Menschensohns). Gemeint ist daher: Plötzlich, mit einem Schlag ist die Gottesherrschaft in eurer Mitte (Lk. 17,21). Unvermutet wird sie anbrechen, ohne dass man ihre Ankunft vorausberechnen könnte.

Das Kommen der Gottesherrschaft wird in Gleichnissen angesagt[7], die mit den Worten eingeleitet werden: „Wie verhält es sich mit (dem Kommen) der Gottesherrschaft?" Die Formulierungen der Einleitungen lehnen sich an rabbinische Wendungen an.[8] Dem griechischen ὅμοιός ἐστιν bzw. ὡς, ὡμοιώϑη (= „ist gleich") u. a. liegt ein hebräisches bzw. aramäisches *l*^{e} zugrunde, das zu übersetzen ist mit: „Es verhält sich mit ... wie mit." Die vollständige Wendung zur Einleitung eines Gleichnisses lautet: „Ich will dir ein Gleichnis erzählen. Womit lässt sich die Sache vergleichen? Es verhält sich wie mit (folgender Geschichte)." In der Gleichniserzählung muss dann der springende Vergleichspunkt erfasst und zur Sachaussage in Beziehung gesetzt werden. In Gleichnissen, die von Saat und Ernte handeln, sagt Jesus das Kommen der Gottesherrschaft an. In diesen Gleichnissen liegen keine kunstvollen Allegorien vor, bei denen Zug um Zug gedeutet werden müsste, sondern alles zielt auf die entscheidende Frage: Wie verhält es sich mit der Gottesherrschaft?

„Mit dem Kommen der Gottesherrschaft verhält es sich so, wie wenn ein Mann Samen auf das Land geworfen hat. Dann schläft er und steht wieder auf, Nacht und Tag, während die Saat aufsprießt und groß wird. Von selbst [– αὐτομάτη meint wie Apg. 12,10 ein göttliches Wunder! –] trägt das Land Frucht, erst Halm, dann Ähre, dann vollen Weizen. Wenn es aber die Frucht zulässt, sogleich schickt er seine Sichel; denn die Ernte ist da." (Mk. 4,26 – 29) Hier wird nicht ein Prozess langsam fortschreitenden Wachstums beschrieben, wie die ältere Exegese gemeint hatte. Der Bauer ist vielmehr an dem, was geschieht, vollkommen unbeteiligt. Ohne sein Zutun kommt es zur Ernte, die mit Joel 4,13 als Vorgang des Gerichts vorgestellt ist: „Legt die Sichel an; denn die Ernte ist reif. Kommt, tretet; denn die Kelter ist voll. Die Kufen fließen über; denn ihrer Bosheit ist viel."

Nicht der Verlauf einer Entwicklung ist also ins Auge gefasst; sondern Anfang und Ende werden einander gegenübergestellt, um den Kontrast hervorzuheben. Wachsen und Reifen wurden im damaligen Judentum allgemein nicht als Folge eines natürlichen Prozesses verstanden, sondern auf Gottes wunderbare Tat zurückgeführt. Paulus kann daher im Blick auf die Auferstehung der Toten das Bild vom Samenkorn verwenden (1. Kor. 15,36–38), und in Joh. 12,24 wird gleichfalls das Wachsen der Frucht mit der Auferstehung der Toten verglichen: „Amen, Amen, ich sage euch, wenn nicht das Weizenkorn in die Erde fällt und stirbt, bleibt es allein. Wenn es aber gestorben ist – und auferweckt wird (so ist sinngemäß hinzuzufügen) –, dann bringt es viele Frucht." So ist auch im Gleichnis von der selbstwachsenden Saat bei dem Aufgehen des Samenkorns an ein von Gott vollzogenes Wunder gedacht. Ohne dass irgendein Mensch es hindern oder beschleunigen könnte, kommt es zur Ernte. So wunderbar lässt Gott ohne alles Zutun von Menschen seine Herrschaft anbrechen.

In den Gleichnissen vom Senfkorn und Sauerteig tritt der Kontrast noch stärker hervor. Auf der einen Seite steht das winzige Senfkorn, auf der anderen die große Staude, die alle anderen Gartengewächse überragt (Mk. 4,30–32 par.). In den Zweigen der Staude – so heißt es am Schluss – können die Vögel des Himmels ihre Nester bauen und Unterschlupf finden. Das Bild des Baumes, unter dem allerlei Tiere lagern und in dessen Schatten die Vögel wohnen können, dient im Alten Testament vielfach zur Veranschaulichung der Machtausdehnung einer Herrschaft (Ez. 17,22 f.; 31,6; Dan. 4,9.18). So soll auch hier die an Zweigen reiche Staude, die im Gegensatz zum verschwindend kleinen Samenkorn steht, die unvorstellbare Macht der Gottesherrschaft anzeigen.

In der Logienüberlieferung ist mit diesem Gleichnis das vom Sauerteig eng verbunden (Mt. 13,33 par. Lk. 13,20). Auf der einen Seite wird auf die große Menge Mehl verwiesen, auf der anderen auf den kleinen Sauerteig, der den ganzen Teig durchsäuert. In sprichwortartigen Wendungen redete man vom Sauerteig, um hervorzuheben, dass eine kleine Ursache eine große Wirkung auslösen kann (vgl. Gal. 5,9; 1. Kor. 5,6). So auch hier: Die Frau knetet eine große Menge Mehl. Das bisschen Sauerteig aber, das hinzugetan wird, bewirkt, dass alles durchsäuert wird und aufgeht. Anfang und Ende werden im Gleichnis einander gegenübergestellt. Nicht der Vorgang der Durchsäuerung wird beschrieben, sondern betont ist die unerhört große Wirkung des kleinen Sauerteigs. So wunderbar wird das Kommen der Gottesherrschaft sein.

Zu diesen Gleichnissen ist das vom viererlei Acker zu stellen, obwohl die Erzählung ohne jede Einleitung und daher ohne ausdrücklichen Hinweis auf die Gottesherrschaft beginnt (Mk. 4,3 – 9 par.). Dreimal wird die vergebliche Aussaat geschildert – von Vögeln verzehrt, von der Sonnenglut versengt und vom Unkraut erdrückt. Diesem Missraten wird auf der anderen Seite ein unerhört reicher Ertrag gegenübergestellt. Anderes fällt auf gutes Land und bringt Frucht, die aufgeht, 30-fältig, 60-fältig, 100-fältig. 7 – 12-fache Ernte galt damals als guter Ertrag. Die im Gleichnis genannten Zahlen gehen über das übliche Maß weit hinaus. Auch hier ist also wieder der Kontrast betont. Um den Skopus des Gleichnisses zu bestimmen, ist von der sekundären Auslegung abzusehen, welche die Gemeindeparänese dem Gleichnis gegeben hat (Mk. 4,13 – 20 par.). Sie schildert das unterschiedliche Verhalten der Hörer des Wortes, um zum rechten Hören anzuhalten. Das Gleichnis aber stellt den Gegensatz heraus: auf der einen Seite die vergebliche Aussaat, auf der anderen die wunderbare Ernte: So großartig wird die eschatologische Erfüllung sein!

Die Gleichnisse von der Gottesherrschaft [9] handeln also nicht von einem innergeschichtlichen Vorgang, der das Wachsen oder Bauen des Reiches Gottes beschriebe; sondern am Kontrast, den sie mit der Gegenüberstellung von Saat und Ernte hervorheben, soll die Größe des göttlichen Wunders veranschaulicht werden. Das wunderbare Kommen der Gottesherrschaft ist daher weder das Ergebnis geschichtlichen Wachsens noch das Schlussglied einer heilsgeschichtlichen Entwicklung, sondern das Wunder bedeutet Ende der Geschichte und Anbruch der Herrschaft Gottes. Darum wird die Gottesherrschaft niemals als ein Zustand ausgemalt, sondern wird allein davon gesprochen, dass Gott sein Regiment aufrichtet, dass er seine Herrschaft durchsetzt.

Nach Jesu Wort sind die Zeichen wahrzunehmen, mit denen die Gottesherrschaft sich bereits kraftvoll ankündigt:[10] „Wenn ich mit dem Finger Gottes die Dämonen austreibe, so ist die Gottesherrschaft schon zu euch gelangt." (Lk. 11,20 par. Mt. 12,28) In den Exorzismen und Krankenheilungen, die Jesus vollzieht, bricht das endzeitliche Heil bereits in die Gegenwart mit seiner erneuernden Kraft ein. Indem Krankheit und Leiden gebannt werden, leuchtet zeichenhaft die alles verwandelnde Veränderung auf, die mit Jesu Proklamation der Gottesherrschaft anhebt.

Die Bitte des Vaterunsers ist auf Gottes wunderbares Handeln gerichtet. Denn er allein weiß, wie das Maß der Zeit bestimmt werden soll. Im Wissen um die Heiligkeit seines Namens rufen die Glaubenden zum himmlischen Vater und sind in getrösteter Zuversicht überzeugt, dass ihre Zeit in Gottes Händen steht (Ps. 31,16). In Not und Bedrängnis, die den Glaubenden zu schaffen machen, bitten sie umso intensiver um das Kommen der Herrschaft Gottes, die über alle bösen Mächte siegen und triumphieren wird. Sind sie doch dessen gewiss, dass „die Reiche dieser Welt ihres Herrn und seines Christus geworden sind, und er regieren wird von Ewigkeit zu Ewigkeit" (Apk. 11,15).[11]

In der Textüberlieferung des Lukasevangeliums ist eine Variante zur zweiten Bitte bezeugt. Ihre Formulierung wird auf spätere Zeit zurückgehen, in der die eschatologische Erwartung an Kraft verloren hatte, so dass um eine gegenwärtige Erfahrung ermutigender Zuwendung Gottes gebeten wurde[12]: „Es komme dein heiliger Geist auf uns und möge uns reinigen." Die handschriftliche Bezeugung dieser Variante ist bei weitem zu schmal, als dass ihr ein auf Jesus selbst zurückgehender Charakter beigemessen werden könnte.[13] Sie findet sich nur in der Minuskel 700 sowie möglicherweise bereits bei *Marcion*, dann aber später bei den Kirchenvätern *Gregor von Nyssa* und *Maximus Confessor*.[14] Es könnte sich bei dieser Variante um eine Bitte handeln, die im Gebet bei der

Taufhandlung ihren ursprünglichen Ort gehabt hätte. Zwar wird im lukanischen Doppelwerk dem heiligen Geist hoher Rang zugemessen.[15] Da sich jedoch in der Lukasfassung des Vaterunsers keinerlei Spuren einer redaktionellen Bearbeitung durch den Evangelisten finden, wird es sich um eine später eingefügte Variante handeln, die sich freilich durchaus in Übereinstimmung mit dem lukanischen Verständnis von der Gabe des heiligen Geistes hält. In den Schriften des Alten Testaments wird dem Kommen des Geistes große Bedeutung zugemessen (Ps. 51,12; 143,10 u. ö.). Des Öfteren findet sich die an Gott gerichtete Bitte, er möge den Beter von aller Last der Schuld befreien (Ps. 51,4.12; Sir. 38,10 u. ö.). Ihr wird Erhörung zugesagt, Gott werde die Beter reinigen von allen ihren Missetaten (Jer. 33,8; Ez. 36,33; 37,2.3; Ps. Sal. 18,5; Jub. 1,23). Die Beter der Gemeinde von Qumran sagen voller Dank, Gott habe den verkehrten Geist gereinigt von großer Missetat (1 QH III,21). Die Bitte um die Gabe des Geistes und seine reinigende Kraft nimmt mithin eine breite, im Alten Testament und nachbiblischen Judentum geprägte Tradition auf. Sie überträgt das „Wir" aus dem zweiten Teil des Gebets in dessen ersten Teil und gehört sicher nicht in den ursprünglichen Zusammenhang des Vaterunsers hinein.[16]

Nimmt die erste Bitte um Heiligung des Gottesnamens alttestamentliche Motive auf, um sie in die Botschaft des Neuen Testaments einzufügen, so ist die zweite Bitte um das Kommen des Gottesreiches ganz von der Gewissheit neutestamentlich begründeter Hoffnung getragen.[17] Beide Bitten klingen in der eschatologischen Erwartung der Jünger Jesu zusammen, die darauf vertrauen, dass Gottes Heiligkeit sichtbar werden und er seine Herrschaft antreten wird.[18]

Anmerkungen

1 Die eschatologische Ausrichtung der Begriffsverbindung „Reich Gottes" ist durch J. Weiß, Die Predigt Jesu vom Reiche Gottes, Göttingen 1892, ^{2}1900, ^{3}1964 überzeugend aufgewiesen worden, so dass diese Interpretation der Verkündigung Jesu nahezu einhellige Zustimmung gefunden hat.

2 So in der Fassung der palästinischen Rezension.

3 Vgl. Dalman, Worte Jesu I, 75–119.310–315; Billerbeck I, 172–184; K. G. Kuhn, ThWNT I, 570–573; J. Schlosser, Le Règne de Dieu dans les Dits de Jésus I/II, Paris 1980.

4 Die Begriffsverbindung „Herrschaft Gottes" wird in den auf die Endzeit gerichteten Aussagen des spätantiken Judentums zwar nicht durchgehend, aber doch in hinreichender Breite verwendet, um die auf die endzeitliche Wende gerichtete Bestimmung zweifelsfrei feststellen zu können. Zu den Aussagen der Targumim vgl. zuletzt bes. Philonenko, Vaterunser, 57–62.

5 So nach der vorherrschenden babylonischen Rezension des Achtzehngebets, vgl. Billerbeck IV, 212.

6 Vgl. H. Windisch, Die Sprüche vom Eingehen ins Reich Gottes, in: ZNW 27 (1928), 163–192; sowie P. Luomanen, Entering the Kingdom of Heaven, WUNT II, 101, Tübingen 1998; N. Bohlen, Die Einlasssprüche der Reich-Gottes-Verkündigung Jesu, in: ZNW 99 (2008), 167–184 – mit dem Ergebnis: „Die entscheidende Wendung εἰσέρχεσθαι ε'ις τὴν βασιλείαν τοῦ θεοῦ hat auch eine sprachliche Grundlage in der Verkündigung Jesu." (184)

7 Zur Interpretation der Gleichnisse von der Gottesherrschaft im Sinn einer „sich realisierenden Eschatologie" vgl. insbesondere J. Jeremias, Die Gleichnisse Jesu, [11]Göttingen 1998.

8 Vgl. Jeremias, a. a. O., 99–102.

9 Des Weiteren ist der ganze Zusammenhang der Gleichnisse in Mt. 13 sowie Mt. 22,1–10; 25,1–46 zu beachten. Vgl. Jeremias, Gleichnisse, zu den einzelnen Perikopen.

10 Zum spannungsvollen Gegenüber von „schon" und „noch nicht" in der Verkündigung Jesu vgl. W. G. Kümmel, Verheißung und Erfüllung, AThANT 6, [2]Zürich 1953, 47: „Die Tatsache, dass die Gottesherrschaft und das mit ihr gegebene Heil von der Zukunft erwartet wird, ist also für Jesus eng verbunden mit der Feststellung, dass die Verheißung sich in irgend einer Weise bereits erfüllt hat, obwohl die verheißene Gabe in ihrer Zukünftigkeit nicht angetastet wird." Vgl. auch O. Cullmann, Das Gebet im Neuen Testament, Tübingen 1994, 63.

11 E. Grässer, Das Problem der Parusieverzögerung in den synoptischen Evangelien und in der Apostelgeschichte, BZNW 22, [3]Berlin 1977, 95–113 erwägt, das Vaterunser möge in seiner ursprünglichen Form Ausdruck der nahen Enderwartung gewesen sein; in seiner jetzigen Gestalt sei es jedoch mehr eine Doxologie in Form von Bitten. Doch die These, in judenchristlichen Kreisen habe das ursprünglich streng eschatologisch verstandene Gebet eine Überarbeitung mit Rücksicht auf die Parusieverzögerung erfahren, würde schwerlich fassbare redaktionelle Eingriffe in die ursprüngliche Textgestaltung voraussetzen.

12 Vgl. Grässer, a. a. O., 109–113.

13 Gleichwohl ist verschiedentlich die Vermutung geäußert worden, es könne sich um eine Variante mit Anspruch auf Ursprünglichkeit handeln. Vgl. R. Leaney, The Lucan Text of the Lord's Prayer, in: Novum Testamentum 1 (1956), 103–111.

14 Vgl. den textkritischen Apparat bei Nestle-Aland sowie Grässer, a. a. O., 109. Eindeutig sekundär ist die nur im Codex D bezeugte Variante: „Es komme dein

Reich auf uns." Vgl. Philonenko, Vaterunser, 62–68. In eingehender Auseinandersetzung mit allen Exegeten, die die Bitte um den Geist dem ursprünglichen Text des Lukasevangeliums zurechnen wollen, hat G. Schneider überzeugend deren sekundären Charakter aufgezeigt: Die Bitte um das Kommen des Geistes im lukanischen Vaterunser, in: Studien zum Text und zur Ethik des Neuen Testaments, Festschrift H. Greeven, BZNW 47, Berlin 1986, 344–373.

15 Vgl. H. von Baer, Der Heilige Geist in den Lukasschriften, BWANT 3/3, Stuttgart 1926.

16 Vgl. J. Jeremias, Neutestamentliche Theologie I, 188, Anm. 77: Die ganz schwache Bezeugung der Bitte um den Geist und insbesondere ihre Form, die von der Struktur der übrigen Bitten abweicht, schließen es aus, dass sie ursprünglich zum Vaterunser gehört haben könnte. „Sie dürfte vielmehr aus der Taufliturgie stammen, in der das Vaterunser und die Bitte um den Geist verbunden waren."

17 Vgl. J. A. Bengel, Gnomon Novi Testamenti, 1742 zu Mt. 6,10: „Sanctificatio nominis divini ex Vetere Testamento quasi derivatur in Novum Testamentum, continuanda et augenda apud nos; sed adventus regni Dei est Novi Testamenti quodammodo proprius." Vgl. Grässer, a. a. O., 98; sowie Lohmeyer, Vater Unser, 74.

18 Vgl. J. Jeremias, NT Theologie I, 192 f.

4. Die dritte Bitte: Dein Wille geschehe, wie im Himmel so auf Erden

Die dritte Bitte, die in der Fassung des Lukasevangeliums fehlt, beginnt wiederum mit dem vorangestellten Verbum im Imperativ des Aorist Passiv: Es geschehe dein Wille. Offensichtlich ist – möglicherweise schon in der Verkündigung Jesu – das Vaterunser in frühester Zeit nicht nur oft gesprochen, sondern auch in nicht völlig übereinstimmenden Fassungen überliefert worden. Die dritte Bitte nimmt den Klang der beiden voranstehenden Sätze auf und fasst gleichsam noch einmal zusammen: Alles soll nach Gottes Willen geschehen.

Auch diese Worte setzen Vorgaben jüdischer Gebete der alten Zeit voraus. So heißt es im Qaddisch-Gebet: Gott habe die Welt „nach seinem heiligen Willen geschaffen". Darum wird sein Name allerorten gepriesen und ihm die geschuldete Ehre erwiesen (s. S. 26 f.). Auf die Frage, wie ein kurzes Gebet lauten könnte, antwortete R. Eli'ezer (um 90 n. Chr.): „Tu deinen Willen droben im Himmel und gib Zufriedenheit denen, die dich fürchten, auf Erden." (Tos. Ber. III,7) Andere Schriftgelehrte sagten: „Möge es dein Wille sein, Herr, unser Gott, dass du einem jeden alles gewährst, dessen er bedarf." (Ebd.) Häufig heißt es in ehrerbietiger Rede, es möge Wohlgefallen vor Gott sein. Dabei bedient man sich einer Ausdrucksweise, wie sie gegenüber einem mächtigen Herrscher üblicherweise verwendet wurde. Sie vermeidet es, direkt von Empfindungen des großen Herrn zu sprechen. Diese werden in respektvollem Abstand von ihm ferngehalten, um seine Freiheit zur Entscheidung nicht anzutasten.[1]

Das Bekenntnis, das dem Willen Gottes die Ehre gibt, schließt die Verpflichtung ein, dem gebietenden Willen Gottes gehorsam zu sein.[2] Sich in den Willen Gottes zu schicken, bedeutet daher zugleich, auf seine Gebote Acht zu haben und sie zu befolgen. Die Gemeinde von Qumran wird nachdrücklich dazu angehalten, „den Willen Gottes zu tun" (1 QS IX,13.23 u. ö.). Und später kann R. Schim'on b. El'azar (um 190 n. Chr.) sagen: „Wenn die Israeliten Gottes Willen tun, ist sein Name in der Welt groß; und wenn sie ihn nicht tun, ist sein Name in der Welt gleichsam entweiht."[3]

In alten jüdischen Gebeten wurde gleichfalls ausgesprochen, Gottes Wille möge wie in der himmlischen Welt so auch auf Erden verwirklicht werden. So formulierte Rab Saphra (um 300 n. Chr.): „Es möge dein Wille sein, Herr, unser Gott, dass du Frieden verleihest in der oberen Familie und in der unteren Familie und unter den Schülern, die sich mit der Thora beschäftigen."[4] Die Verpflichtung, die dem Beter zum Gehorsam gegen Gottes Willen aufgegeben ist, wird häufig durch die Wendungen angezeigt: „Dass dies dein Wille sein möge" oder „Vor dir sei der Wille, dass ...".[5] So pflegte Rabban Gamliel (um 220 n. Chr.) zu sagen: „Tu seinen (Gottes) Willen wie deinen Willen, damit er deinen Willen wie seinen tue. Laß deinen Willen vor seinem Willen aufhören, damit er den Willen anderer vor deinem Willen aufhören lasse."[6] Diese Verknüpfung zwischen dem Willen Gottes, der in der himmlischen Welt bereits ohne Einschränkung geschieht, und dem menschlichen Willen, der darauf ausgerichtet ist, im eigenen Leben den Willen Gottes zu tun, kann in den kurzen Satz gefasst werden: „Was Gott im Himmel will, geschehe." (1. Makk. 3,60)

In Gethsemane hat Jesus zum Vater gerufen, er möge den bitteren Kelch des Leidens und Sterbens an ihm vorübergehen lassen; doch solle nicht der eigene Wille, sondern allein der des himmlischen Vaters geschehen (Mk.14,36 par.).[7] Als Jesus zum zweiten Mal im Gebet seine Bereitschaft erklärt, sich in Gottes unergründlichen Willen zu fügen, stimmen in der Fassung des Matthäusevangeliums seine Worte mit der Bitte des Vaterunsers überein: „Es geschehe dein Wille." (Mt. 26,42) Dem Evangelisten kommt es darauf an, eben diese Zusammengehörigkeit hervorzuheben.[8] Am Verhalten Jesu wird beispielhaft aufgezeigt, was es bedeutet, auch in der schwersten Stunde des Leidens den eigenen Willen zurückzustellen und sich ganz dem Ratschluss Gottes zu beugen.[9]

Gottes barmherziger Wille steht nach Überzeugung der Beter von allem Anfang an fest.[10] So heißt es: „Er regiert die Welt mit einer Handbewegung, alles gehorcht seinem Willen; denn er ist der König aller Dinge durch seine Kraft; er trennt die heiligen Dinge von den profanen."[11] Hat Gott doch nach seinem Willen das All geschaffen und ins Dasein gerufen (Apg. 4,11). Dem Anfang aber steht das Ende gegenüber, in dem Gott wiederum handelt, wo und wie es ihm gefällt. Im Christusgeschehen hat er seinen Willen offenbart, „dies den Weisen und Klugen zu verbergen und es den Unmündigen kundzutun" (Mt. 11,25 f.). Dieser nunmehr offenbare Wille Gottes bestimmt Leben und Handeln der Seinen. Im Johannesevangelium wird besonders betont, dass Jesus dem Willen dessen folgt, der ihn gesandt hat (Joh. 4,34; 5,30; 6,38 – 40 u. ö.). Geht es ihm doch nicht darum, seinen Willen zu suchen, sondern allein den Willen Gottes. Nach Gottes Willen weiß sich auch der Apostel Paulus berufen, das Evangelium zu bezeugen (Gal. 1,4).

Der Wille Gottes ist in seinen Geboten ausgesprochen, nach denen die Glaubenden ihr Leben zu gestalten haben. Sie tun den Willen des himmlischen Vaters (Mk. 3,35 par.; Mt. 7,21; 12,50; Lk. 12,47 f. u. ö.). Die Geschichte, die von der Begegnung Jesu mit einem reichen jungen Mann erzählt (Mk. 10,17 – 22 par.), veranschaulicht, was der Wille Gottes zum Inhalt hat und wie der Zugang zu ewigem Leben zu gewinnen ist. Jesus weist auf die Gebote hin: „Du sollst nicht töten, du sollst nicht ehebrechen, du sollst nicht falsches Zeugnis geben, du sollst niemanden berauben, ehre Vater und Mutter." Rechte Erfüllung der Gebote fordert gehorsame Hingabe des ganzen Lebens und ungeteiltes Vertrauen zu Gott. Darum ruft der Apostel Paulus die Gemeinde dazu auf, zu bedenken und zu prüfen, wie jeweils der aufgegebene Wille Gottes zu erkennen und zu tun ist (Röm. 12,2). Doch dürfen die Glaubenden dessen gewiss sein, dass Gott selbst in ihnen das Wollen und das Vollbringen wirkt (Phil. 2,12).

Gottes Wille – so wird betont – soll „wie im Himmel so auf Erden" geschehen. In diesem abgekürzten Vergleich[12] wird nicht mit dem in der Gebetsanrede verwendeten, von semitischer Sprachgrundlage bestimmten Plural „in den Himmeln", sondern mit dem Singular „Himmel" auf die jenseitige Welt hingewiesen. Der Imperativ richtet sich darauf, dass der Wille Gottes unverzüglich vollzogen werden möge. Damit wird der Blick von allem menschlichen Tun abgewandt und ganz auf Gottes Handeln gerichtet. Wie es im Himmel schon geschieht, so möge auch auf Erden jeder Widerstand, der sich etwa regen könnte, gebrochen werden, um der ungehinderten Wirksamkeit des göttlichen Willens Bahn zu schaffen. Wie die Weite kosmischer Ordnung, die Gott geschaffen hat, seinen Weisungen folgt, so möge es auch auf Erden geschehen. Das letzte, „alles vollendende Ziel ist erreicht, da der Wille Gottes auf der Erde so geschehen wird, wie er im Himmel geschieht".[13] Die Gegenüberstellung von Himmel und Erde bildet den Abschluss der dritten Bitte und damit des ersten Teils des Gebets.[14]

Anmerkungen

1 Weitere Belege bei Billerbeck I, 420 sowie G. Dalman, Worte Jesu I, 314–321; Philonenko, Vaterunser, 69–76. Vgl. auch G. Lohfink, Der präexistente Heilsplan – Sinn und Hintergrund der dritten Vaterunserbitte, in: Neues Testament und Ethik, Festschrift für R. Schnackenburg, Freiburg 1989, 110–133.117–119, dort 110, Anm. 1 eine Übersicht über weiterführende Literatur.

2 Vgl. die schon im AT des Öfteren gebrauchte Wendung „seinen Willen zu tun". Belege bei G. Schrenk, ThWNT III, 53.

3 Mekh. Ex. 15,2 (44 b), vgl. Dalman, Worte Jesu I, 318.

4 b. Ber. 16 b, vgl. Billerbeck I, 420.

5 Vgl. Billerbeck I, 420, sowie Philonenko, Vaterunser, 69.

6 Mischna Abot II, 4; vgl. Billerbeck I, 420.

7 Vergleichbar, doch anders orientiert ist die von Sokrates ausgesprochene Bereitschaft, sich in den Willen der Götter zu schicken: „Wenn es den Göttern so lieb ist, so sei es so." (Platon, Kriton 43 d) Dabei wird „der Gedanke der Harmonie des göttlichen und des menschlichen Willens" ausgesprochen, „welcher den Menschen die Abenteuer seines Lebens bestehen und sich ergeben in das dunkle Gefüge des Geschehenden finden lässt". Vgl. Lohmeyer, Vater Unser, 79. In der Bitte „Dein Wille geschehe" geht es jedoch um den Gehorsam, mit dem der Beter sich dem ihm aufgegebenen Willen Gottes fügt.

8 Vgl. Schrenk, a.a.O., 55.

9 Anders M. Dibelius, Die dritte Bitte des Vaterunsers, in: Botschaft und Geschichte I, Gesammelte Aufsätze, Tübingen 1953, 175–177: die überliefernde Gemeinde habe „frühzeitig das alte Gebet ergänzt und dabei die in der Gethsemane-Szene überlieferte Bitte Jesu verwendet" (176).

10 Der eschatologische Bezug des göttlichen Willens kommt nicht hinreichend zum Ausdruck, wenn von einem „Heilsplan" gesprochen wird, den Gott nun durchsetzen möge. So Lohfink, a.a.O., 122.

11 Das Zitat findet sich in der langen Rezension von Sir. 18,3; vgl. Philonenko, Vaterunser, 70.

12 Vgl. H. Schürmann, Das Gebet des Herrn, Leipzig 1957, 128, Anm. 131: Die Gegenüberstellung von ὡς – καί zeigt einen „abgekürzten Vergleich" an.

13 Vgl. A. Schlatter, Der Evangelist Matthäus, [2]Stuttgart 1933 ([4]1948), 210. Zum eschatologischen Charakter der Bitten des Vaterunsers vgl. A. Vögtle, Der „eschatologische" Bezug der Wir-Bitten des Vaterunser, in: Jesus und Paulus, Festschrift W. G. Kümmel, Göttingen 1975, 344–362.

14 Manche Exegeten haben diesen Abschluss als zusammenfassende Abrundung aller drei Bitten verstehen wollen. So zuerst erwogen von Origenes, de oratione 26,2; wieder in Betracht gezogen von O. Cullmann, Das Gebet im NT, Tübingen 1994, 67 f. und Philonenko, Vaterunser, 76.

5. Die vierte Bitte: Unser tägliches Brot gib uns heute

Ist der erste Teil des Vaterunsers am „Du“ der ehrfürchtigen Anrede an den Gott des Himmels und der Erde orientiert, so bestimmt im zweiten Teil das „Wir“ der betenden Gemeinschaft die vierte bis siebente Bitte. In vergleichbarer, wenn auch zumeist anders gewichteter Zuordnung finden sich auch in zeitgenössischen jüdischen Gebeten Sätze, die teils vom „Du“ und teils vom „Wir“ geleitet sind.[1] Darum trifft die Vermutung nicht zu, die ersten drei Bitten könnten ursprünglich das eigentliche Gebet Jesu und die folgenden vier Bitten das den Jüngern anvertraute Gebet ausgemacht haben.[2] Beide Teile des Vaterunsers bilden vielmehr eine fest geschlossene Einheit. Die im zweiten Teil genannten Bitten können daher nur dann recht verstanden werden, wenn sie in strenger Zuordnung zum ersten Teil betrachtet werden.

Im zweiten Teil des Gebets macht die Bitte um die Gabe des Brotes den Anfang. Das Verbum steht nicht mehr im Passiv, sondern schließt sich an das vorangestellte Akkusativ-Objekt in aktiver Form an. Aktive Verbformen bestimmen auch die weiteren Sätze, die sich jeweils mit der Bitte um Gottes barmherzige Hilfe voller Vertrauen an den himmlischen Vater wenden. Die dritte und die vierte Bitte folgen ohne ein überleitendes Wort aufeinander. Die weiteren Bitten werden dann jedoch jeweils durch „und“ miteinander verbunden. So ist das Gebet deutlich in zwei Teile gegliedert, in denen die einzelnen Bitten in enger Folge aneinander anschließen.

Der Wortlaut der vierten Bitte unterscheidet sich in den beiden Evangelien voneinander. Während im Matthäusevangelium das Verbum im Imperativ Aorist (δός) steht, wird im Lukasevangelium der Imperativ Präsens (δίδου) gesetzt. Damit wird ein wiederholendes Moment angezeigt: Gott möge immer wieder geben. An die Stelle des σήμερον („heute“) tritt bei Lukas τὸ καθ' ἡμέραν („täglich“), wodurch gleichfalls der Akzent auf die Wiederholung gelegt wird: dass Gott Tag für Tag das gebe, was die Betenden zum Lebensunterhalt brauchen.[3] „Das ‚Heute' der irdischen Existenz Jesu bleibt nicht Vergangenheit. Es wird durch das ‚tägliche' Leben der Kirche immer wieder vergegenwärtigt und aktualisiert."[4] Die Matthäusfassung wird dem ursprünglichen Wortlaut am nächsten kommen und ist daher der Interpretation der vierten Bitte zugrunde zu legen.

Die Bitte um die Gabe des Brotes ist eine Bitte um den Lebensunterhalt schlechthin. Im alten Orient blieb keine Mahlzeit ohne Brot.[5] „Brot essen" wird daher in der alten Welt in der Bedeutung verstanden, seinen Lebensunterhalt zu finden. Nach Gen. 3,19 soll der Mensch im Schweiße seines Angesichts „sein Brot essen". Gott gibt allem Fleisch „Brot" (Ps. 136,25), das heißt: er schenkt ihnen, was sie zum Unterhalt des Lebens brauchen. Wer dies erhält, kann die nüchterne Bitte aussprechen, es gehe ihm nicht um Armut und Reichtum, sondern allein darum, dass Gott ihn mit dem Brot versorgen möge, das ihm festgesetzt sei (Prov. 30,8).

Den biblischen Vorgaben entsprechend, wird in alten jüdischen Gebeten die Bitte vorgetragen, Gott möge Brot, d. h. die benötigte tägliche Nahrung schenken. So heißt es in der 9. Benediktion des Achtzehngebets[6]: „Segne uns, Herr, unser Gott, bei allem Tun unserer Hände und segne unsere Jahre [und gib Tau und Regen auf den Erdboden] und sättige die ganze Welt aus deinem Guten [und labe den Erdkreis aus dem Reichtum der Gaben deiner Hände und hüte es und bewahre es, Herr, unser Gott, dieses Jahr und alle Arten seiner Gewächse vor allen Arten von Verderben und vor allen Arten von Strafen] und gib ihm glücklichen Ausgang und Hoffnung und Sättigung (Überfluß und Frieden und Segen) wie den guten Jahren. Gepriesen seist du, Herr, der die Jahre segnet." Spricht diese Benediktion in vollklingendem Wortlaut, so richtet die Brotbitte des Vaterunsers in kurzen Worten Blick und Gedanken ganz auf das Nötige, gleichsam die Tagesration, deren es heute und morgen bedarf. Was der barmherzige Gott schenkt, wird reichen für den morgigen Tag und gewiss auch für die kommenden Tage.

Zum Brot wird das Adjektiv ἐπιούσιος gestellt, das einzige Adjektiv im ganzen Gebet. Doch dieses Wort gibt bis heute Rätsel auf, auf die sich keine schlüssige Lösung hat finden lassen – und vermutlich auch nicht gefunden werden kann.[7] In der gesamten antiken Literatur findet sich nur ein einziger, jedoch nicht sicher aufzulösender Hinweis auf ein Adjektiv ἐπιούσιος. Es handelt sich um einen späten Papyrustext aus Oberägypten. Der aus dem 5. Jahrhundert n. Chr. stammende Beleg führt verschiedene Ausgaben auf, unter denen eine Ausgabe von ½ Obol für επιουσ ... verzeichnet ist.[8] Das nicht vollständig erhaltene Wort könnte zu ἐπιουσίων – von τὰ ἐπιούσια – ergänzt werden, was etwa „eine Tagesration" bedeuten könnte. Doch bleibt unsicher, ob diese Lesart wirklich zutrifft, ist doch ein solches Wort offensichtlich ganz ungebräuchlich gewesen[9], so dass man feststellen muss, dass dieses im Vaterunser gebrauchte Wort sonst in der alten Welt nirgendwo bezeugt ist.

Schon die Kirchenväter waren sich des eigentümlichen Sachverhalts bewusst, wie *Origenes* deutlich ausgesprochen hat: bei keinem griechischen Gelehrten sei dieses Wort zu finden und auch in der Umgangssprache sei es nirgendwo verwendet worden (de oratione 27,7). Das Wort ist offensichtlich in der frühesten urchristlichen Überlieferung bei Herstellung der griechischen Fassung des Vaterunsers[10] gebildet worden, so dass es den beiden Evangelisten Matthäus und Lukas, die unabhängig voneinander schrieben, aber auf gemeinsame Tradition zurückgriffen, schon vorgegeben war.

Dieser Befund hat in der Geschichte der Auslegung des Vaterunsers eine Vielzahl unterschiedlicher Vorschläge ausgelöst, dem rätselhaft anmutenden Wort auf die Spur zu kommen.[11] Diese Versuche lassen sich zusammenfassend auf zwei philologische Erklärungsmuster bringen, die das Wort entweder auf ἐπί – εἶναι („sein") oder ἐπί – ἰέναι („gehen") zurückführen möchten.

Folgt man dem ersten Vorschlag, so würde das bedeuten, dass das Adjektiv etwas charakterisieren könnte, was oberhalb (ἐπί) des gewöhnlichen Seins gelegen ist. Mit dieser Deutung verbinden sich dann verschiedene Erklärungen, die auf den besonderen, unvergleichlichen Gehalt des Brotes hinweisen. Danach würde nicht von gewöhnlicher Speise die Rede sein, sondern von einem „überirdischen" Brot, einer Himmelsspeise, die als Leben spendende Gabe erbeten würde. Der Kirchenvater *Hieronymus* hat daher für die lateinische Übersetzung von Mt. 6,11 der Vulgata die Wiedergabe durch „supersubstantialem" gewählt, das bis heute seinen Platz in der lateinischen Bibel der römisch-katholischen Kirche behalten hat. In der Lukasparallele 11,3 wurde hingegen „cottidianum" gesetzt.

Gegen diese Ableitung von ἐπί – εἶναι ist ein schwerwiegender philologischer Einwand geltend zu machen: Sollten diese beiden Wörter miteinander verbunden werden, so müsste das „i" – der dritte Buchstabe von ἐπί – fortfallen. Daher kann diese Erklärung nicht überzeugen.

Sprachlich bietet sich eine andere Verbindung an, nämlich: ἐπί – ἰέναι. Diese Ableitung deutet auf das Brot hin, das für die nächste bzw. allernächste Zeit benötigt wird. Zu dieser Wiedergabe fügt sich eine Überlieferung, die der Kirchenvater *Hieronymus* notiert hat, – freilich ohne ihr zuzustimmen:[12] „In evangelio, quod appellatur secundum Hebraeos, pro *supersubstantiali pane* reperi Mahar, quod dicitur crastinum, ut sit sensus: *panem nostrum crastinum,* id est futurum, *da nobis hodie.*" („Im Evangelium, das nach den Hebräern genannt wird, fand ich statt *‚überirdisches Brot'* Mahar, was *‚morgig'* bedeutet, so dass der Sinn folgender ist: ‚Unser Brot für morgen, das ist zukünftig, gib uns heute.'") Diese Notiz besagt: Das sogenannte Hebräer- bzw. Nazaräerevangelium, das in aramäischer Sprache abgefasst war, hat das zum „Brot" hinzugesetzte Adjektiv durch „morgig" wiedergegeben. Diese Textfassung stellt aber kein sprachliches Original dar, sondern fußt auf dem griechischen Text, wie er in den Evangelienschriften vorlag. Den griechischen Text hat der Übersetzer dann ins Aramäische übertragen bzw. zurückübersetzt. Zu der Wiedergabe durch „mahar" = „morgig" ist zu bedenken, dass der Übersetzer für die Wiedergabe des Vaterunsers sicherlich nicht in den griechischen Text geschaut, sondern das Gebet in der Gestalt wiedergegeben hat, die ihm als aramäisch sprechendem Christen geläufig war.[13] Im aramäisch formulierten, mündlich weitergegebenen und gesprochenen Vaterunser wird es somit mit hoher Wahrscheinlichkeit geheißen haben: *„laḥman dᵉlimḥar“*.[14] Das besagt – wie *Hieronymus* zutreffend bemerkt – : „Panem nostrum crastinum da nobis hodie.“ („Unser Brot für morgen gib uns heute.“)

In der alten Kirche ist überwiegend das Brot in der Bedeutung verstanden worden, dass es das besondere Brot der Heilszeit sei – weiterhin, dass dieses Brot in der Eucharistie gespendet wird.[15] Aus dieser Auffassung hat man dann gelegentlich gefolgert, man könne dieses Brot gar nicht oft genug empfangen, so dass man zusehen solle, möglichst täglich die Eucharistie zu feiern.[16]

Folgt man der Ansicht, dass im eschatologisch bestimmten Kontext des Vaterunsers das Brot der Heilszeit gemeint sei, so könnte sich ein Bezug auf die wunderbare Gabe des Manna anbieten, das Israel auf seiner Wanderung durch die Wüste empfing.[17] Die Israeliten wurden aufgefordert, hinauszugehen und jeweils ihren Tagesbedarf aufzulesen. Am Tag vor dem Sabbat jedoch sollten sie sich für zwei Tage versorgen, um nicht etwa den Feiertag zu entweihen (Ex. 16). Wenn die Brotbitte des Vaterunsers einen Bezug auf das Manna der Wüstenzeit voraussetzen sollte, hätten die Jünger Jesu Tag für Tag um das Brot für morgen zu bitten, das ihnen als Gabe der kommenden Welt zuteil werden möge.

Doch eine genaue Betrachtung der Bitte um das Brot für morgen muss zu bedenken geben, dass sie keinen Bezug auf die Manaspeisung anzeigt, sondern knapp und deutlich vom „Brot für morgen“ spricht, um das heute zu bitten ist. Die Gabe des barmherzigen Gottes wird als die Speise verstanden, die er den Seinen schenkt, damit sie hier und jetzt leben können – durch die Speise, deren es zum Leben bedarf.

Diese Speise ist weder übernatürlich noch unvergleichlich, sondern beinhaltet, was für morgen benötigt wird. Daher ist es angemessen und inhaltlich richtig, das Adjektiv durch „crastinus“ („für morgen“) wiederzugeben. Gewiss trifft es zu, dass der Alltag der Jünger Jesu vor dem Horizont der anhebenden Gottesherrschaft gesehen wird. Aber dieser eschatologische Bezug führt nicht etwa zu einer spirituellen Überhöhung der für das Leben unbedingt notwendigen Speise, sondern eröffnet und schärft den nüchternen Blick auf die Erfordernisse des „Hier und Jetzt".[19] Der Gehalt der Bitte um das „Brot für morgen" ist durch das „heute" an die unmittelbare Gegenwart gebunden, die im Zeichen der kommenden Gottesherrschaft begriffen wird. Im Wissen darum, dass Gott seine Herrschaft alsbald durchsetzen wird, sind die Beter getrost und zuversichtlich, dass Gott sie Schritt für Schritt in ihrem Leben führen und versorgen wird mit dem, was sie zum Leben brauchen.[20]

Wie aber verhält sich dieses Verständnis der Bitte um das tägliche Brot zur dringenden Warnung Jesu, sich nicht um das zu sorgen, was den morgigen Tag betrifft? Sei es doch genug, dass jeder Tag seine eigene Plage hat (Mt. 6,34). Zu dieser Ermahnung gibt es vergleichbare Aussagen jüdischer Gelehrter, so des R. El'azar aus Modi'im (Anfang des 2. Jahrhunderts n. Chr.): „Jeder, der für heute zu essen hat und sagt ‚Was soll ich morgen essen', ist einer, der keinen Glauben hat."[21] Könnte daher die Bitte „Gib uns heute das Brot für morgen" dem Sinn des Vaterunsers als Ganzem widersprechen, „vor allem dem ausdrücklichen Wort Matth. 6,34 und ebenso dem jüdischen Gedanken", wie er von R. El'azar ausgesprochen wurde?[22]

In den Sätzen der Bergpredigt geht es darum, dass die Jünger Jesu sich nicht um das sorgen sollen, was sie an Essen und Trank, an Nahrung und Kleidung für den morgigen Tag brauchen. So verhalten sich Kleingläubige, die der allen Menschen eigenen Neigung anhängen, sich um die Sicherung des Lebens zu bekümmern. Sorgt sich doch jeder Mensch natürlicherweise um sein Leben, so dass „er deshalb immer auf etwas aus ist und sich um etwas müht".[23] Zielt diese Sorge darauf, sichernde Vorsorge für eine ungewisse Zukunft zu treffen, so sucht Jesus die Seinen von diesen Gedanken frei zu machen. Niemand sollte meinen, durch sein Sorgen sein Leben sichern zu können (Mt. 6,27; Lk. 12,15–21), sondern an die erste Stelle alles Planens und Handelns das Trachten nach der Gottesherrschaft (Mt. 6,33) setzen.[24] Wer darauf vertraut, dass Gott ihn heute und morgen versorgen wird, der darf gewiss sein, dass Gott ihm seine Sorge abgenommen hat und für ihn sorgt (1. Pet. 5,7).[25]

Nun will aber die Aufforderung zum Beten um das tägliche Brot nicht in dem Sinn verstanden werden, als würde damit dem ängstlichen Sorgen im Leben des Menschen Raum gegeben. Die Beter sind sich vielmehr dessen bewusst, dass der himmlische Vater weiß, was die Seinen brauchen, ehe sie ihn bitten (Mt. 6,8). Darum ist das Gebet von der Zuversicht getragen, dass auf Gottes Fürsorge unbedingt Verlass ist.[26]

Jesus war kein enthusiastischer Schwärmer, der meinen könnte, den Menschen unbeschwerten Leichtsinn anraten zu dürfen und diesen dazu noch religiös zu verbrämen. Sondern Jesus setzt die Prioritäten im menschlichen Leben neu. An die erste Stelle tritt das Trachten nach der Gottesherrschaft und seiner Gerechtigkeit. Im Licht dieser Ausrichtung aber gewinnen der Alltag und die Gestaltung des Lebens ihren rechten Ort.[27] Beter, die die Hände tätig rühren, sind von der Überzeugung getragen, dass sie nicht von ihrem Tun und Handeln, sondern vom barmherzigen Gott die Gabe erfüllten Lebens zu erhoffen haben. Darum rufen sie voller Gewissheit: „Unser Brot für morgen gib uns heute."[28]

Anmerkungen

1 Man vergleiche im Achtzehngebet die drei einleitenden und die drei abschließenden Benediktionen mit denen des Hauptteils, den sie umrahmen.

2 So Philonenko, Vaterunser, 77.

3 Obwohl im Lukasevangelium immer wieder ein betontes „heute" gesetzt wird (Lk. 2,11; 4,21; 19,5.9; 23,43), heißt es hier: τὸ καθ᾽ ἡμέραν. „Mit der Beschränkung des ‚Sémeron' auf die Zeit des irdischen Jesus hängt es vielleicht zusammen, dass in der lukanischen Version des Vaterunsers die Zeitangabe ‚heute' durch das verallgemeinernde ‚täglich' ersetzt wird: ‚Unser tägliches Brot gibt uns Tag für Tag' (Lk. 11,3)." Vgl. P. Pokorný/U. Heckel, Einleitung in das Neue Testament, Tübingen 2007, 512f.

4 Vgl. Pokorný,/Heckel, a.a.O., 513.

5 Vgl. Dalman, Worte Jesu I, 323 mit dem Hinweis, dass bis heute im Orient die Kartoffel fehlt.

6 Vgl. o. S. 22f.

7 Außer Kommentaren und einschlägigen Monographien vgl. die Literaturangaben bei W. Foerster, ThWNT II, 587–595; W. Bauer/K. u. B. Aland, Wörter-

buch zum Neuen Testament, [6]Berlin 1988, 601 f.; sowie ThWNT, X, 1081 f.; B. Metzger, How many times does ἐπιούσιος occur outside the Lord's Prayer?, in: ET 69 (1957), 52–54, M. Nijman/K. A. Worp, Ἐπιούσιος in a Documentary Papyrus?, in: NT 41 (1999), 231–234. Einen ausführlichen Überblick über die Forschung bietet G. Korting, Das Vaterunser und die Unheilsabwehr. Ein Beitrag zur επιουσιον Debatte (Mt. 6,11/Lk. 11,3), NTA NF 48, Münster 2004.

8 Vgl. F. Preisigke, Sammelbuch griechischer Urkunden aus Ägypten I, Straßburg 1915, 5224.

9 Vgl. das kritische Urteil von M. Wolter, Das Lukasevangelium, Tübingen 2008, 407.

10 Vgl. die Wendung ἡ ἐπιοῦσα ἡμέρα (Apg. 7,26; sowie 16,11; 20,15; 21,18). Mit der Möglichkeit, ἐπιούσιος könne auf eine Fehlübersetzung der aramäischen Urfassung zurückgehen, rechnet M. Black, An Aramaic Approach to the Gospels and Acts, Oxford 1946, 149–153.

11 Die jedem dieser Versuche anhaftende Unsicherheit findet dann ihren Ausdruck in einer großen Breite vorgeschlagener Adjektive in den Übersetzungen in andere Sprachen. Vgl. z. B. die lateinischen Wiedergaben bei K. Aland, Synopsis Quattuor Evangeliorum, [15]Stuttgart 1996, 86: zu Mt. 6,11: cottidianum – supersubstantialem – perpetuum – necessarium – venientem – crastinum.

12 Vgl. Hieronymus, Kommentar zum Matthäusevangelium zu Mt. 6,11: E. Klostermann, Apocrypha II. Evangelien, KIT 8, [3]Berlin 1929, 7.

13 Vgl. Foerster, a. a. O., 591; Jeremias, NT Theologie I, 193.

14 Vgl. J. Wellhausen, Einleitung in die drei ersten Evangelien, [2]Berlin 1911, 116f.

15 Vgl. Foerster, a. a. O., 591–595. Zur Auslegung durch Kirchenväter und Reformatoren vgl. W. Rordorf, Le ‚pain quotidien' (Matth. 6,11) dans l'histoire de L'Exégèse, in: Didaskalia 6 (1976), 221–235.

16 Vgl. J. Jeremias, NT Theologie I, 194.

17 Vgl. Jeremias, NT Theologie I, 193f.; sowie Philonenko, Vaterunser, 77–86.

18 Vgl. A. Schlatter, Der Evangelist Matthäus, [3]Stuttgart 1948, 212: Den Jüngern verschafft „das, was der heutige Tag ihnen als Gottes Gabe zuträgt, die unentbehrliche Versorgung für den kommenden Tag. Das für den nächsten Tag bereitgestellte Brot ist das unbedingt notwendige, an dem morgen die Erhaltung des Lebens hängt."

19 So stehen auch die paränetischen Abschnitte der paulinischen Briefe unter der eschatologischen Perspektive der apostolischen Predigt und sind gerade darum von präziser Nüchternheit.

20 Vgl. H. Schürmann, Das Gebet des Herrn, Leipzig 1957, 131, Anm. 247: In dem nüchternen und wortkargen Gebet Jesu hätte eine Gleichnissprache, die auf das Brot der kommenden Welt hätte hinweisen sollen, keinen Platz.

21 Mekh. Ex. 16,4; vgl. Billerbeck I, 420f. sowie K.G. Kuhn, Achtzehngebet und Vaterunser und der Reim, WUNT 1, Tübingen 1950, 36.

22 Vgl. Kuhn, a. a. O., ebd.

23 Vgl. R. Bultmann, ThWNT IV, 595.

24 Vgl. Bultmann, ebd. 595f.

25 Vgl. Bultmann, ebd. 597.

26 Vgl. Cullmann, Gebet im NT, 72: „Man kann geradezu sagen: weil wir uns für morgen nicht Sorgen machen müssen und sollen, sollen wir beten; oder anders ausgedrückt: *weil* wir beten, müssen und sollen wir uns keine Sorgen machen." Vgl. auch Philonenko, Vaterunser, 81.

27 Vgl. auch die Mahnung Jak. 2,15, jemanden, dem es an täglicher Nahrung (τῆς ἐφημέρου τροφῆς) gebricht, nicht mit frommen Redewendungen abzuspeisen, sondern ihm tätig zu helfen.

28 Vor dem Genuss von Speise und Trank danken die Beter Gott und preisen ihn für seine Gaben. Eine Mahlzeit beenden sie mit Worten des Dankes: „Gepriesen seist du, Herr, der du alles ernährst." Vgl. Dalman, Worte Jesu I, 330 mit entsprechenden Nachweisen einschlägiger Belege; vgl. auch Billerbeck IV, 627–634 mit verschiedenen Fassungen jüdischer Tischgebete.

6. Die fünfte Bitte: Und vergib uns unsere Schuld, wie auch wir vergeben unseren Schuldigern

Die fünfte Bitte, die Gottes gnädige Vergebung sucht, ist durch ein verknüpfendes „und" angeschlossen. Eines ist zum Leben so notwendig wie das andere: das tägliche Brot und Gottes Vergebung. Der Wortlaut der Bitte weist einige Unterschiede zwischen den Evangelisten Matthäus und Lukas auf. Während es bei Matthäus ὀφειλήματα (Schulden) heißt, steht bei Lukas das geläufigere Wort ἁμαρτίαι (Sünden). Der Nachsatz wird bei Matthäus durch ὡς καί eingeleitet, bei Lukas durch καὶ γάρ. Das Verbum lautet bei Matthäus ἀφήκαμεν, bei Lukas hingegen im Präsens ἀφίομεν. Nennt Matthäus die Schuldner im Plural (ὀφειλέται), so findet sich bei Lukas das Partizip Präsens im Singular (ὀφείλοντι). Diese Unterschiede deuten – wie zu erkennen ist – darauf, dass hier wie dort zwei in Einzelheiten voneinander abweichende Übersetzungen eines gemeinsamen aramäischen Originals vorliegen. Der dabei jeweils hervorgehobene Akzent des einen wie des anderen Ausdrucks ist im Folgenden im Zusammenhang der Einzelexegese genauer ins Auge zu fassen.

Die fünfte Bitte ist durch die Gegenüberstellung von „Schuld“ und „Vergebung“ charakterisiert. Der Nachsatz ist die einzige Bemerkung, die im Gebet von „unserem“ Handeln spricht – ein Zeichen dafür, wie wichtig und für rechte Lebensführung entscheidend Vergebung und Verzeihen im Urteil Jesu sind. Unbegründet ist die Vermutung, es könnte sich im Nachsatz um einen späteren Zusatz handeln.[1] Für eine solche Annahme bietet die gesamte handschriftliche Überlieferung des Textes keinerlei Anhaltspunkt.

Auch in zeitgenössischen jüdischen Gebeten wird zu Gott gerufen, er möge Schuld vergeben, so in der 6. Benediktion des Achtzehngebets: „Vergib uns, unser Vater, denn wir haben gesündigt; verzeihe uns, unser König, denn wir haben gefehlt, denn ein gütiger und vergebender Gott bist du. Gepriesen seist du, Herr [Gnädiger], der viel vergibt.“[2] Nicht der einzelne Beter, sondern die betende Gemeinschaft wendet sich an Gott mit der Anrede „Vater“ und setzt dann dieser als zweite „unser König“ hinzu. In ähnlichen Worten heißt es im Neujahrsgebet „Abinu Malkenu“: „Unser Vater, unser König, vergib und verzeihe alle unsere Schulden, tilge alle unsere Schuldbriefe.“[3] Das Gottesverhältnis ist in diesen Worten als ein rechtlich bestimmtes verstanden, wie es auch R.ʿAqiba in einem ausdruckskräftigen Bild zeichnete. Darin verglich er Gott mit einem Krämer, der ausleiht und alle Beträge, die er abgegeben hat, auf einer Schreibtafel verzeichnen lässt. Jeder, der borgen will, kommt und leiht sich aus. Wie der Krämer dann durch die Eintreiber zurückholen lässt, was ihm zu zahlen ist, so fordert Gott durch die Engel zurück, was ihm geschuldet wird. Nach den Eintragungen, die auf der Tafel stehen, wird gerechtes Gericht gehalten.[4]

Das griechische Wort ὀφείλημα entspricht einem aramäischen *ḥob*, das aus dem Rechts- und Finanzwesen genommen ist.[5] Im aramäischen Sprachgebrauch „ist *ḥob* das gewöhnliche Wort für die Geldschuld“.[6] Das Lukasevangelium setzt an seine Stelle das weitaus geläufigere Wort ἁμαρτία (Sünde). Doch dieses ist gleichfalls im Sinn von „Schuldigkeit“ verstanden, wie sich aus dem im

Nachsatz bei beiden Evangelisten stehenden Verbum ὀφείλειν (schulden) zu erkennen ist. Der Begriff ὀφείλημα bezeichnet die objektive Schuld, ohne dass an etwaige Schuldgefühle o.ä. gedacht ist.[7] Er setzt voraus, dass der Schuldner vorher etwas empfangen hat, das er nun zurückerstatten soll. Der Gläubiger kann die Schuld „lösen"; das griechische Verbum ἀφίημι steht für das Lösen rechtlicher Verpflichtungen.[8] So kann auch das Auflösen einer Ehe durch ἀφιέναι bezeichnet werden (1. Kor. 7,11 – 13).

Das zwischen Gott und den Menschen bestehende Rechtsverhältnis ist dadurch gekennzeichnet, dass der verschuldete Mensch nicht imstande ist, die von ihm zu erstattende Schuld zu begleichen. Darum fleht er zu Gott, er möge die Schuld erlassen, d. h. die Sünde vergeben.[9] Gegenstand der Vergebung ist die Sünde oder Schuld, der Vergebende kann nur Gott sein. Sünden zu vergeben, ist und bleibt allein seine Sache. Der Messias wird zwar die gottfeindlichen Gewalten überwinden und beseitigen und insofern dazu beitragen, dass die endzeitliche Herrlichkeit heraufzieht. Aber auch er hat nach jüdischem Verständnis nicht die Macht, Sünden zu vergeben.

Reue und Umkehr bereiten den Menschen vor, Vergebung der Schuld empfangen zu können. Darum wird von allen Israeliten gefordert: „Bekehrt euch, ihr Sünder, und übt Gerechtigkeit vor ihm." (Tob. 13,6) Dann gilt die Verheißung: „Wenn sie sich zu ihm in Gerechtigkeit bekehren, so wird er alle ihre Vergehen und alle ihre Sünde verzeihen. Es ist geschrieben und angeordnet: Er wird barmherzig sein gegen alle, die sich von aller ihrer Verschuldung einmal im Jahre bekehren." (Jub. 5,17 f.) Das alljährlich am großen Versöhnungstag vor Gott vorgetragene Sündenbekenntnis, das der Hohepriester spricht, steht unter der Verheißung, dass Gott Sündenschuld vergibt. R. Eli'eser b. Hyrkanos (um 90 n. Chr.) gab den Rat, spätestens einen Tag vor dem Tod umzukehren.[10] Auf den Einwand, man könne doch die Todesstunde nicht im Voraus wissen, wurde entgegnet, man solle darum jeden Tag Buße tun, d. h. heute, könne man doch morgen schon sterben.[11] Denn es gilt: „Wenn die Israeliten Buße tun, so werden sie erlöst; wo nicht, so werden sie nicht erlöst."[12]

In der urchristlichen Verkündigung wird der Begriff der Sündenvergebung als geläufige Wendung vielfach gebraucht. Johannes der Täufer predigt die Umkehrtaufe zur „Vergebung der Sünden" (Mk. 1,4 par.). Der endzeitliche Freudenbote kommt, um „zu verkündigen das Evangelium den Armen ... zu predigen den Gefangenen, dass sie frei sein sollen, und den Blinden, dass sie sehen sollen, und den Zerschlagenen, dass sie frei und ledig sein sollen" (Lk. 4,18). Das Blut Christi ist vergossen und wird in der Feier des Herrenmahls empfangen „zur Vergebung der Sünden" (Mt. 26,28). Die urchristliche Predigt lädt dazu ein, „sich taufen zu lassen auf den Namen Jesu Christi zur Vergebung der Sünden" (Apg. 2,38). Mit der festen Begriffsverbindung von der „Vergebung der Sünden" nimmt die frühe Christenheit die durch das Alte Testament gegebenen Voraussetzungen auf und führt sie fort, indem sie die Vergebung an das Christusgeschehen bindet. Sünden werden im Namen Jesu Christi vergeben, der um unsertwillen gestorben und zu unserem Heil von den Toten auferstanden ist (Röm. 4,25).

Der Apostel Paulus spricht in dem ihm eigenen theologischen Verständnis von der Sünde durchweg im Singular. Als knechtende Macht bestimmt sie das Geschick aller Menschen; doch diese haben jeweils durch ihre eigene Schuld die Knechtschaft nur noch stärker gemacht. Christus aber hat die Macht der Sünde überwunden und ihre Herrschaft zerbrochen (Röm. 5,12 – 21), so dass die Seinen zur Freiheit befreit und dem Kyrios zum Gehorsam verpflichtet sind (Gal. 5,1.13 u. ö.). In der deuteropaulinischen Literatur wird der geläufige Ausdruck von der „Vergebung der Sünden" aufgenommen (Kol. 1,14; Eph. 1,7) und dabei die strenge Bindung an das Christusgeschehen bestätigt. Vergebung wird empfangen, wo der Mensch Gottes Urteil über sich annimmt und in Sündenbekenntnis und Buße bejaht.[13] Die Vergebung wird nicht lediglich als Erlass von verdienten Strafen verstanden, sondern als eschatologisches Geschehen begriffen, das das ganze Leben von Grund auf erneuert und dadurch Zukunft erschließt.[14]

Das Verbum ὀφείλειν deutet auf das belastende Rechtsverhältnis, in dem die Beter sich Gott gegenüber wissen. Mit intensivem

Flehen (vgl. Lk. 18,1–8) bitten sie Gott darum, auf die ihm zustehende Schuldigkeit zu verzichten, indem er die Schuld durchstreicht, so dass kein Rest mehr bleibt. Wo so gebeten wird, Gott möge auf die ihm unbestreitbar zustehenden Ansprüche verzichten, da ist verstanden, dass wir unsere Schulden nicht selbst bezahlen können. Deshalb wird zum himmlischen Vater gerufen, dass er sie erlassen möge.[15]

Die in äußerster Kürze ausgesprochene Bitte wird mit einem Nachsatz verbunden – dem einzigen Nachsatz im ganzen Gebet: „wie wir vergeben unseren Schuldigern." Der unterschiedliche Ausdruck ὡς καί bzw. καὶ γάρ in den beiden Fassungen der Evangelien geht offensichtlich auf ein aramäisches *k^edi* zurück.[16] Dabei zeigt das „denn", mit dem die Lukasfassung einsetzt, dass der Nachsatz begründende Kraft hat.[17] Irrig wäre die Annahme, es könnte sich um eine Wechselbeziehung nach der Regel des *„do-ut des"* handeln. Denn darüber besteht kein Zweifel, dass der Mensch niemals imstande sein kann, seinerseits sittliche Leistungen vorlegen zu können, die notwendig göttliche Belohnung nach sich ziehen würden. Mit der Wendung, die auf die Vergebung gegenüber unseren Schuldigen hinweist, spricht der Beter vielmehr „eine Selbsterinnerung … an sein Vergeben aus".[18] Im Blick auf das endzeitliche große Weltgericht ist der Beter sich darüber im Klaren, dass er durch die vom himmlischen Vater erbetene Vergebung seinerseits in Pflicht genommen ist.[19] Gottes Vergeben und das Beten des Menschen stehen in gegenseitigem Zusammenhang fester Verbindung. Wer aus der göttlichen Vergebung lebt, der ist gehalten, nun seinerseits Vergebung weiterzureichen.[20]

Der Nachsatz verwendet dieselben Ausdrücke wie der Vordersatz und zeigt damit an, dass unser menschliches Vergeben als Widerschein des göttlichen Vergebens begriffen wird.[21] Dabei erklärt sich die unterschiedliche Angabe des Tempus ἀφίομεν bzw. ἀφήκαμεν wiederum als verschiedene Wiedergabe eines hier wie dort zugrunde liegenden aramäischen Wortes (š^e*báqnan*).[22] Dieses ist im Sinn eines *„perfectum coincidentiae"* zu verstehen, das heißt:

„wie auch wir *hiermit* unseren Schuldnern vergeben.“[23] Damit der Beter zu Gott rufen kann und darf, ist Voraussetzung, dass er bereit ist, denen zu vergeben, die ihm gegenüber schuldig geworden sind.

Die an Gott gerichtete Bitte um Vergebung wäre unwahrhaftig, wenn nicht das Verhältnis zum Bruder – bzw. zu den nächsten Menschen – in Ordnung gebracht worden wäre.[24] Auf diese Verpflichtung weist Jesus mit den Worten hin: „Wenn du deine Gabe auf dem Altar opferst und dort kommt dir in den Sinn, dass dein Bruder etwas gegen dich hat, so lass dort vor dem Altar deine Gabe und geh zuerst und versöhne dich mit deinem Bruder und dann komm und opfere deine Gabe.“ (Mt. 5,23 f.)

Diese Forderung Jesu wird auf das deutlichste erhellt durch das Gleichnis vom Schalksknecht. Nach Mt. 18,21 f. antwortet Jesus auf eine Frage des Petrus, wie oft er einem Bruder, der sich an ihm versündigt hat, vergeben müsse. Würde siebenmal genügen? Jesus dagegen sagt: „Nicht siebenmal, sondern siebzigmal siebenmal.“ Diese Aufforderung zur Bereitschaft, grenzenlos Vergebung zu gewähren, wird durch ein Gleichnis veranschaulicht, in dem das Kommen der Himmelsherrschaft mit folgender Geschichte verglichen wird (Mt. 18,23 – 35): Ein König wollte mit seinen Knechten abrechnen. Da es sich dabei um außergewöhnlich hohe Beträge handelt, ist offensichtlich vorausgesetzt, dass hohe Beamte gegenüber dem Herrscher Rechenschaft abzulegen haben.[25] Der erste, der vor den König zu treten hat, ist ihm zehntausend Talente schuldig – eine maßlos hohe Summe. Zum Vergleich kann in Betracht gezogen werden, dass der Herodessohn Archelaos als Herrscher über Judäa und Samaria 600 Talente im Jahr bezog.[26] Es liegt daher auf der Hand, dass der zur Rechenschaft gezogene Knecht sich völlig außerstande sieht, diese kaum vorstellbar hohe Summe aufzubringen. Auch die Strafmaßnahmen, die der König ankündigt, können nicht dazu führen, diese hohe Schuld zu begleichen. Der König ordnet zur Vergeltung an, den verschuldeten Knecht und seine Frau mit allem, was er besitzt, zu verkaufen. In seinem Erschrecken fällt der Knecht seinem Herrn zu Füßen und stellt in Aussicht, ihm alles bezahlen zu wollen. Da erbarmt sich der Herrscher seiner, gibt den Knecht frei und erlässt ihm obendrein die gesamte Schuld.

Dann aber geht der soeben begnadigte Knecht hinaus und begegnet einem seiner Mitknechte, der ihm hundert Denare schuldet – einen Betrag, der unermesslich kleiner ist als die Summe, die der gerade begnadigte Knecht dem König schuldig gewesen war.[27] Doch der Gläubiger lässt nicht mit sich reden. Ohne zu zögern, verlangt er: Bezahle, was du mir schuldig bist. Sein Mitknecht, der das Geld nicht auf der Stelle zahlen kann, fällt nieder und bittet um Erbarmen. Man möge Geduld mit ihm haben, dann werde er alles begleichen. Doch alles Bitten verschlägt nichts. Der unbarmherzige Gläubiger wirft ihn ins Gefängnis, wo er bleiben soll, bis er alles bezahlt hat.

Als der König erfährt, was sich da zugetragen hat, wird er zornig und fordert, der unbarmherzige Knecht müsse erneut vor ihn treten. Der Vorwurf, er hätte sich doch seines Mitknechtes erbarmen sollen, führt zum definitiven Urteil, dass er den Peinigern übergeben wird, bis er alles bezahlt habe, was er schuldig ist. Jesu Schlussfolgerung, die er den Jüngern gibt, lautet daher: „So wird auch mein himmlischer Vater an euch tun, wenn ihr einander nicht von Herzen vergebt, ein jeder seinem Bruder." (Mt. 18,35)

Wem viel vergeben ist, der hat auch viel Liebe zu erweisen (Lk. 7,47 f.). Weil die Beter Gottes gnädige Vergebung empfangen haben, können sie wagen zu beteuern: „wie auch wir vergeben haben unseren Schuldnern."[28] Gottes Vergebung, die als ein gnädiges Geschenk zuteil wird, soll und muss in der dankbaren Antwort der Beter aufleuchten, die sie im Verhalten gegenüber ihren Schuldnern bezeigen.[29]

Die herausragende Bedeutung, die der Bereitschaft zur Vergebung gegenüber allen Schuldnern[30] beigemessen wird, wird dadurch unterstrichen, dass im Kontext der Matthäusfassung an die Sätze des Vaterunsers die Worte angefügt werden: „Denn wenn ihr den Menschen ihre Verfehlungen vergebt, so wird euch euer himmlischer Vater auch vergeben. Wenn ihr aber den Menschen nicht vergebt, so wird euch euer Vater auch nicht vergeben."

(Mt. 6,14 f.) Derselbe Gedanke ist auch im Markusevangelium in einem Logion enthalten, das von der Vergebung sagt: „Und wenn ihr steht und betet, so vergebt, wenn ihr etwas gegen jemanden habt, damit auch euer Vater im Himmel euch vergebe eure Übertretungen." (Mk. 11,25)[31] Indem die unbedingte Verpflichtung zur Vergebung so starke Betonung erfährt, wird die Verbindung des Gebets mit dem Handeln unterstrichen und macht der Evangelist klar, dass das Gebet das ganze Leben des Menschen umgreifen will und dem Zusammenleben mit den Mitmenschen Richtung und Orientierung gibt.[32] Die christliche Gemeinde hat die Botschaft von der um Christi willen gewährten Vergebung weiterzugeben. Darum muss sie in ihrem eigenen Handeln glaubwürdig sein und denen vergeben, die sich an ihr schuldig machen – ohne Vorbedingungen zu stellen oder Grenzen zu ziehen.

Anmerkungen

1 Vgl. G. Strecker, Die Bergpredigt, Göttingen 1984, 125 f.
2 So nach der geläufigen Fassung des Gebets nach der sogenannten babylonischen Rezension.
3 Vgl. Billerbeck, I, 421.
4 Mischna Abot III, 16.
5 Das Wort ὀφείλημα wird im NT nur zweimal gebraucht; der andere Beleg ist Röm. 4,4: Wer Arbeit verrichtet, empfängt seinen Lohn nicht als Gunsterweis, sondern als ihm zustehende Einlösung der Schuldigkeit.
6 Vgl. Dalman, Worte Jesu I, 335.
7 Vgl. F. Hauck, ThWNT V, 564 f.
8 Vgl. R. Bultmann, ThWNT I, 506–509.
9 Zu den hebräischen Äquivalenten für ἀφιέναι vgl. Bultmann, a. a. O., 507.
10 Mischna Abot II, 10.
11 b Schabbat 153 a.
12 b Sanh. 97 b.
13 Vgl. Bultmann, a. a. O., 509.
14 Vgl. die Charakterisierung durch Bultmann, a. a. O., 509, mit der Feststellung: „Hat also der Gedanke der Vergebung im NT fundamentale Bedeutung, so ist doch seine begriffliche Explikation nicht reich entwickelt."
15 Vgl. Lohmeyer, Vater Unser, 111.
16 Vgl. Lohmeyer, ebd.
17 Vgl. W. Bauer/K. und B. Aland, Wörterbuch zum Neuen Testament, 6Berlin 1988, 1791 f.
18 Vgl. Jeremias, Abba, 168.

19 Vgl. auch die das zeitgenössische Judentum betreffende Feststellung von J. Maier, Judentum, Göttingen 2007, 209: „Als Voraussetzung der Entsühnung und Vergebung gilt, dass man sich untereinander versöhnt." Vgl. auch Sir. 28,2: „Vergib deinem Nächsten, was er dir zuleide getan hat, und bitte dann, so werden dir deine Sünden vergeben."

20 Vgl. O. Cullmann, Das Gebet im Neuen Testament, Tübingen 1994, 76.

21 Vgl. Lohmeyer, Vater Unser, 127.

22 Daher wird die Erwägung hinfällig, die eine und die andere Tempusform könnte auf unterschiedliche liturgische Traditionen – Vaterunser vor oder nach dem Friedenskuss in der eucharistischen Feier – hindeuten. So W. Rordorf, „Wie auch wir vergeben haben unsern Schuldnern" (Matth. VI, 12 b), in: Studia Patristica X (1970), 236–241.

23 Vgl. Jeremias, NT Theologie I, 195.

24 Vgl. Jeremias, Abba, 168.

25 Vgl. J. Jeremias, Die Gleichnisse Jesu, [11]Göttingen 1998, 208.

26 Vgl. Jeremias, ebd., 208f.

27 Ein Denar machte den Tagesverdienst eines Tagelöhners aus (Mt. 20,2). 100 Denare sind also eine Summe, die man bei fleißiger Arbeit durchaus aufbringen konnte.

28 Vgl. H. Schürmann, Das Gebet des Herrn, Leipzig 1957, 88.

29 Vgl. Jeremias, Gleichnisse Jesu, 211.

30 Vgl. das betonte παντί = „einem jeden" in der Lukasfassung (Lk. 11,4).

31 Vgl. W. Popkes, Die letzte Bitte des Vater-Unser, Formgeschichtliche Beobachtungen zum Gebet Jesu, in: ZNW 81 (1990), 1–20.19: „Die letzte Bitte des Vater-Unser ist somit die Bitte dessen, der sich bangt um das Durchhalten des Weges mit Christus, weil er um seine eigene Verführbarkeit weiß."

32 Vgl. U. Luz, Das Evangelium nach Matthäus (Mt 1–7), EKK I/1, Neukirchen/Zürich 1985, 353.

7. Die sechste Bitte: Und führe uns nicht in Versuchung

Der Wortlaut dieser Bitte stimmt in den beiden Fassungen im Matthäus- und im Lukasevangelium genau überein. Doch gibt dieser Satz besondere Schwierigkeiten des Verstehens auf, um die man sich in der Geschichte der Auslegung immer wieder bemüht hat. Die verneinte Form des im Konjunktiv stehenden Verbs spricht eine entschiedene Negation aus: Unter keinen Umständen möge dies geschehen.[1] Dem Verbum „hineinführen" (εἰσφέρειν) kommt räumliche Bedeutung zu: Nicht in einen bestimmten Bereich hineinführen, sondern eben dieses verhindern: „Bringe uns nicht in Versuchung."[2]

Weckt diese Bitte vielleicht die seit alters diskutierte Frage, ob Gott denn Ursache dafür sein könnte, dass die Seinen in Versuchung geraten – möglicherweise in eine Gefahr, der sie nicht widerstehen könnten, sondern unterliegen müssten? Solchen Erwägungen tritt die Feststellung entgegen, die im Jakobusbrief getroffen wird: „Niemand sage, wenn er versucht wird, dass er von Gott versucht werde." (Jak. 1,13) Es ist daher nicht verwunderlich, dass schon in sehr früher Zeit diese Bitte anders gefasst wurde. So heißt es bei *Marcion* zu Lk. 11,4: „Laß nicht zu, dass wir in Versuchung geraten."[3] Und die Kirchenväter haben mit unterschiedlichen Vorschlägen die Schärfe der Aussage zu mildern gesucht.[4] So möchte *Hieronymus* den Sinn dieser Bitte mit folgenden Worten wiedergeben: „Führe uns nicht in eine Versuchung, die wir nicht zu tragen vermögen."[5]

In vergleichbarer Weise wird auch in alten jüdischen Gebeten zu Gott gerufen, er möge die Seinen gnädig vor Versuchungen bewahren. So sprechen die Beter in der 7. und 8. Benediktion des Achtzehngebets die Worte: Gott möge ihr Elend ansehen und ihre Sache führen – er möge sie heilen und vollkommene Heilung all ihrer Krankheiten bringen (s. o. S. 22). Noch näher steht der Bitte des Vaterunsers ein jüdisches Abendgebet:[6] „Leite meinen Fuß nicht in die Gewalt der Sünde und bringe mich nicht in die Gewalt der Schuld und nicht in die Gewalt der Versuchung und nicht in die Gewalt von Schändlichem."[7]

Was bedeutet das Wort „Versuchung" (πειρασμός)? Im profangriechischen Sprachgebrauch taucht dieses Wort nur an ganz wenigen Stellen auf, so dass man daraus schließen kann, dass die Vorstellung von göttlicher Versuchung griechischem Denken schlechthin fremd gewesen ist.[8] Völlig anders aber stellt sich das Bild in den Schriften des Alten Testaments und der jüdischen Überlieferung dar.[9] Wiederholt ist davon die Rede, dass Gott sein Volk auf die Probe stellt, um herauszufinden, ob es seinen Weisungen vertraut und sie gehorsam befolgt. Es heißt, dass Gott den Gehorsam seines Volks prüft, „ob es in seinen Geboten wandle – oder nicht“ (Ex. 16,4). Gott hat seinem Volk die Thora gegeben, „damit ihr's vor Augen habt, wie er zu fürchten sei, und ihr nicht sündigt“ (Ex. 20,20). Die Erprobung soll erweisen, ob das Volk Gottes Gebote hält (Dt. 8,2). Im Richterbuch wird gesagt, Gott habe nicht alle heidnischen Völker aus dem gelobten Land vertrieben, um Israel prüfen zu können, „ob sie auf dem Wege des Herrn bleiben und darauf wandeln, wie ihre Väter geblieben sind – oder nicht“ (Ri. 2,22).

Das schlechthin herausragende Beispiel für eine von Gott ausgelöste Prüfung findet sich in der Geschichte Abrahams. Mit dem unbegreiflichen Befehl, seinen einzigen Sohn – der doch Träger und Erbe der Verheißung hatte sein sollen – zum Opfer zu bringen, stellt Gott den Abraham auf die Probe. Wird er auch in der bittersten Stunde seines Lebens Gott gehorsam sein? (Gen. 22,1–11) Am Ende kann es heißen: „Nun weiß ich, dass du Gott fürchtest – und hast deines einzigen Sohnes nicht verschont um meinetwillen“ (V. 12). Der Erzvater Abraham gilt daher als Vorbild dafür, wie Gott gegenüber unter allen Umständen Gehorsam zu erweisen ist und dadurch die aufgegebene Probe bestanden werden kann. Im Buch der Jubiläen wird ausführlicher das Beispiel Abrahams beschrieben, wie er in der Versuchung treu erfunden wurde und daher für die Frommen als Vorbild dienen kann, dem sie nachzueifern haben (1. Makk. 2,52; Sir. 44,20).[10] Das ganze Leben des Erzvaters war gleichsam von Versuchungen umstellt. Zu ihnen werden der Auszug aus der Heimat, die Hungersnot, der Reichtum der heidnischen Könige, der Raub seiner Frau Sarah durch den Pharao, die Beschneidung, die Entlassung Ismaels und der Hagar gezählt (Jub. 17,17). Als achte und neunte Versuchung werden die Unfruchtbarkeit der Sarah und die Opferung Isaaks benannt (Jub. 14,21; 18), und als zehnte Versuchung gilt der Tod der Sarah (Jub. 19,38). Die rabbinische Überlieferung stellt kurz und einprägsam fest: „Durch zehn Versuchungen wurde unser Vater Abraham versucht und er bestand sie alle, um zu bekunden, wie groß die Liebe unseres Vaters Abraham war." (Mischna Abot V,2)

In der weisheitlichen Literatur wird die von Gott ausgehende Prüfung als erzieherische Maßnahme verstanden, die der Bewährung der Frommen dient. So wird im Buch der Sprüche dazu angehalten: „Mein Sohn, verwirf die Zucht des Herrn nicht und sei nicht ungeduldig, wenn er dich zurechtweist. Denn wen der Herr liebt, den weist er zurecht und hat doch Wohlgefallen an ihm wie ein Vater am Sohn." (Spr. 3,11 f.) Wie Gold im Ofen gereinigt wird, so wird der Fromme auf die Probe gestellt und dadurch geläutert (Sap.Sal. 3,5 f.).

Die Frommen können aber in eine so bedrohliche Versuchung fallen, dass sie nicht mehr standhalten können, sondern abfallen. Dieser Gedanke wird in der Apokalyptik im Blick auf die befürchteten Schrecken der letzten Zeit ausgesprochen: „Viele werden gereinigt, geläutert und geprüft werden, aber die Gottlosen werden gottlos handeln; alle Gottlosen werden's nicht verstehen, aber die Verständigen werden's verstehen." (Dan. 12,10) Die Glaubenden werden in den furchterregenden Ereignissen, die dem zu erwartenden Ende vorausgehen, in einen Streit hineingezogen, in dem sie den Sieg davontragen sollen. In der endzeitlichen Not haben sie einen überaus schweren Kampf auszufechten. Sie müssen den Angriffen des Satans entschiedenen Widerstand leisten und die Mächte des Bösen niederringen. In der Gemeinderegel von Qumran wird dieser Widerstreit beschrieben[11]: „In der Hand des Engels der Finsternis liegt alle Herrschaft über die Söhne des Frevels, und auf den Wegen der Finsternis wandeln sie. Und durch den Engel der Finsternis geschieht Verirrung aller Söhne der Gerechtigkeit, und alle ihre Sünde, Missetaten und Schuld und die Verstöße ihrer Taten kommen durch seine Herrschaft entsprechend den Geheimnissen Gottes bis zu seiner Zeit." (1 QS III,20 – 23)

Die frommen Gemeinschaften, die sich im Judentum zur Zeit des zweiten Tempels zusammenschlossen, um in strengem Gehorsam gegen das Gesetz ihr Leben zu führen, waren sich dessen bewusst, dass die Bedrohungen, denen sie ausgesetzt wurden, als

Erscheinungen endzeitlicher Versuchung zu begreifen seien. Ihnen wollten sie im entschlossenen Kampf der Söhne des Lichts gegen die Söhne der Finsternis tapfer widerstehen. Die Gefährdung durch diese allerorten bedrohliche Kampfsituation ging über das Maß einer Erprobung erheblich hinaus. Im Streit der Söhne der Finsternis gegen die Söhne des Lichts wird den Frommen die Anspannung aller Kräfte abverlangt, um in dieser Auseinandersetzung fest zu bleiben.

An verschiedenen Stellen wird im Neuen Testament dieses umfassende Verständnis der endzeitlichen Versuchung aufgenommen. So richtet Jesus in Gethsemane an die Jünger die warnende Aufforderung: „Wachtet und betet, dass ihr nicht in Versuchung fallt. Der Geist ist willig, aber das Fleisch ist schwach." (Mk. 14,38 par.) Die endzeitliche Bedrohung betrifft vor allen anderen die Glaubenden. Darum werden sie zu entschiedenem Widerstand aufgerufen. Aber ihnen wird auch die tröstliche Verheißung zugesprochen: „Weil du mein Wort von der Geduld bewahrt hast, will auch ich dich bewahren vor der Stunde der Versuchung, die kommen wird über den ganzen Weltkreis, zu versuchen, die auf Erden wohnen." (Apk. 3,10)[12]

Vor dem Hintergrund dieser Gefährdung, wie sie in den Geschehnissen der letzten Zeit auftritt, kommt nun auch den mancherlei kleinen Versuchungen, wie sie im Alltag auftreten, entsprechend größere Bedeutung zu. Die Versuchung, von der in der sechsten Bitte des Vaterunsers die Rede ist, wird in umfassendem Sinn verstanden. Deshalb steht kein Artikel vor dem Wort πειρασμός, um jegliche Art von Versuchung einzuschließen. Es geht nicht allein um die weltweite Versuchung der letzten Zeit, sondern auch die mancherlei Gefährdungen, denen die Leute Jesu im Alltag ausgesetzt sind, werden einbezogen. So wahr es ist, dass die Jünger der Macht der Bosheit, die sich in den endzeitlichen Versuchungen enthüllt, entgegenzutreten haben[13], so wenig sind die im Alltag auftretenden Erfahrungen ausgeschlossen. Vor dem Horizont der in weltweite Dimension gesteigerten Gefährdung werden auch die kleinen Versuchungen des alltäglichen Lebens als Bedrohung angesehen. Denn diese betreffen in erster Linie die Glaubenden, die dazu gebracht werden sollen, von ihrem Glauben abzufallen.

Wie in vergleichbaren jüdischen Gebeten zu Gott gerufen wird, er möge die Seinen nicht in die Gewalt der Schuld und nicht in die Gewalt der Versuchung bringen (s. o. S. 77), so wird das ganze menschliche Leben im Licht der vielerlei – großen und auch kleinen – Versuchungen gesehen.[14] In mancherlei Erfahrungen, Verlockungen, Trübsal und Anfechtungen überfällt die Versuchung immer wieder die Glaubenden.[15] Will in diesen Versuchungen der Satan nach ihnen greifen (Mk. 4,15 par.), so können sie doch dessen gewiss bleiben, dass Gottes Allmacht viel weiter reicht als die Macht der Versuchungen und des Versuchers. Gott sitzt unwandelbar im Regiment und wird die Seinen „nicht versuchen über ihre Kraft, dass die Versuchung so ein Ende nimmt, dass ihr's ertragen könnt". (1. Kor. 10,13) „Der Herr weiß die Frommen aus der Versuchung zu erretten, die Ungerechten aber festzuhalten für den Tag des Gerichts." (2. Petr. 2,9)

Die Evangelisten weisen in der Geschichte vom Leiden und Sterben Jesu Christi beispielhaft darauf hin, wie bedrohlich schwere Versuchung sein kann. Hatte Petrus gemeint, er könne seinem Herrn in der Kreuzesnachfolge nahe bleiben, so hat er dann doch die Bewährung nicht bestanden. Er verleugnete Christus, indem er dreimal versicherte, er habe mit ihm nichts zu schaffen und kenne ihn nicht. Doch beim Hahnenschrei wurde er sich seines Versagens bewusst, weinte bitterlich und kehrte zurück zur Gemeinschaft mit dem gekreuzigten und auferstandenen Christus.

Judas hingegen – so berichten die Evangelisten – erlag der ihn anfallenden Versuchung, nahm die ihm angebotenen 30 Silberlinge und verriet seinen Herrn. Dann aber, als er seinen Verrat rückgängig machen wollte, war es zu spät. Er war der Versuchung erlegen und verfiel der Verdammnis (Mt. 27,3 – 10).

Wie Jesus vom Satan versucht wurde (Mt. 4,1), aber standhaft blieb, so werden auch die Seinen aufgerufen, treu und fest zu widerstehen. Diesen Widerstand aber sollen sie leisten, weil sie der Treue Gottes gewiss sein können. Die Bitte, die sie im Gebet des Vaterunsers aussprechen, zielt „auf Verschonung von Versuchungen".[16] Doch schließt sie auch Situationen ein, in denen sie mitten in Versuchungen gnädig bewahrt werden möchten. Noch sind die Mächte des Bösen stark auf Erden. Doch die Gemeinde Jesu soll ihren himmlischen Vater bitten, seine schützende Hand über sie zu halten. Ihnen wird zugesagt, dass am Ende Gott siegen und über alle Feinde triumphieren wird.[17]

Die sechste Bitte des Vaterunsers ist daher als inständiger Ruf der bedrängten Beter zu verstehen.[18] Sie stellt damit zugleich eine erneute, betonte Aufforderung zu nicht nachlassendem Gebet dar. Das Volk Gottes soll voller Vertrauen zum himmlischen Vater rufen, er möge nicht zulassen, dass sie in Versuchung geraten. Das aber bedeutet, dass er sie vor dem Zugriff des Versuchers bewahren möge. Insofern hängen die sechste und die siebente Bitte des Vaterunsers auf das engste zusammen.[19] Bewahrung vor Versuchung bedeutet: Erlösung vom Bösen.[20]

Anmerkungen

1 Vgl. Jeremias, Abba, 169: „Das Kausativum hat hier eine permissive Bedeutung."
2 Vgl. K. Weiß, ThWNT IX, 66f. Vgl. auch Lohmeyer, Vater Unser, 136.
3 Vgl. den Apparat bei K. Aland, Synopsis Quattuor Evangeliorum, [15]Stuttgart 1996 zu Lk. 11,4.
4 Vgl. Lohmeyer, Vater Unser, 134f.
5 Vgl. Hieronymus, z. St.: „ne inducas nos in temptationem quam ferre non possumus."
6 Vgl. Jeremias, Abba, 169.
7 b. Ber. 60b.
8 Vgl. H. Seesemann, ThWNT VI, 24.
9 Vgl. Seesemann, ebd., 24–27.
10 Weitere Belege bei Philonenko, Vaterunser, 97.
11 Vgl. K.G. Kuhn, πειρασμός – ἁμαρτία – σάρξ im Neuen Testament und die damit zusammenhängenden Vorstellungen, in: ZThK 49 (1952), 200–222.207 (= K. Stendahl (Hg.), The Scrolls and the New Testament, New York 1957, 94–113: New Light on Temptation, Sin and Flesh in the Testament).

12 Der eschatologische Charakter der Versuchung wird stark hervorgehoben von A. Schweitzer, Das Messianitäts- und Leidensgeheimnis, [3]Tübingen 1956, 85: „Man erfleht den Endzustand, in welchem sein Name geheiligt wird und sein Wille auf Erden geschieht wie im Himmel; aber zugleich bittet man ihn, er möge die Menschen nicht in ‚die Versuchung' führen, sie nicht in die Gewalt des Bösen geben, sie nicht nötigen, ihre Sünden durch das Beharren in der Enddrangsal zu sühnen, sondern sie durch seine Allmacht der Gewalt des Bösen entreißen, wenn sich die widergöttliche Welt zum letztenmal aufbäumt beim Kommen des Reiches, um das sie beten. Das ist der innere Zusammenhang der letzten drei Bitten des Vaterunsers."

13 Vgl. Jeremias, Abba, 170: „Dieses Wort denkt… an die große Endversuchung, die vor der Tür steht und die über die Welt gehen wird, an die Enthüllung des Geheimnisses der Bosheit, an die Offenbarung des Antichrists, an den Greuel der Verödung, Satan an Gottes Statt, an die letzte Verfolgung und Erprobung der Heiligen Gottes durch Pseudopropheten und falsche Heilande."

14 Vgl. Weitere jüdische Vergleichstexte siehe bei Billerbeck, I, 422f.; Dalman, Worte Jesu I, 352–354 sowie Philonenko, Vaterunser, 93–102.

15 Vgl. Luz, Das Evangelium nach Matthäus, 348f.

16 Vgl. Lohmeyer, Vater Unser, 144.

17 Vgl. Lohmeyer, ebd., 144.

18 Vgl. Jeremias, Abba, 170.

19 Philonenko, Vaterunser, 102, sieht diese Zusammengehörigkeit als so eng an, dass er die beiden kurzen Sätze zu einer einzigen Bitte zusammenfasst und also nur mit sechs Bitten in der Fassung des Matthäusevangeliums rechnet.

20 Vgl. Seesemann, ThWNT VI, 31: „Der Herr lehrt seine Jünger…, Gott anzurufen, daß er seine Hand nicht von ihnen abziehe, und sie vor der Versuchung durch widergöttliche Mächte bewahren möge."

8. Die siebente Bitte: Sondern erlöse uns von dem Bösen

Die letzte Bitte des Gebets, die nur im Matthäusevangelium überliefert ist, steht in engem Zusammenhang zu der vorangehenden. Zu der negativen Formulierung „Und führe uns nicht in Versuchung" bildet sie die positiv gefasste Entsprechung: „Sondern erlöse uns von dem Bösen." Ähnliche Formulierungen finden sich auch an verschiedenen Stellen im Neuen Testament und in der urchristlichen Überlieferung in nahezu gleich lautendem Klang. So heißt es im sogenannten hohepriesterlichen Gebet

Jesu im 17. Kapitel des Johannesevangeliums, der Herr habe für die Seinen zum Vater gerufen, dass er sie bewahre vor dem Bösen (Joh. 17,15). Im 2. Timotheusbrief werden dem Apostel Paulus die Worte in den Mund gelegt: „Der Herr aber wird mich erlösen von allem Bösen." (2. Tim. 4,18) Und nach der Ordnung, die die Apostellehre für die Feier des Herrenmahls gibt, lautet die abschließende Bitte: „Gedenke, Herr, deiner Gemeinde, sie zu erretten von allem Bösen." (Did. 10,5) So vereinen sich die Gebete der Christenheit zum Ruf, Gott möge sie alle miteinander von dem Bösen erretten und von seiner Gewalt erlösen.

In den Schriften des Alten Testaments wird immer wieder der Gott Israels als dessen Erretter gepriesen. Der Herr rettet sein Volk aus der Hand seiner Feinde (Ex. 14,30; Ri. 6,9 u. ö.). Er befreit es aus der Knechtschaft (Ex. 6,6), aus der Hand der Assyrer (2. Kön. 18,32), aus der Gefangenschaft (Mi. 4,10), aus allen Übeln und vielerlei Gefahren. Diese Rettung geschieht nach seiner großen Barmherzigkeit (Neh. 9,28), nach seinem Erbarmen (Ps. 33,18 f.; 86,13 u. ö.) und um seines Namens willen (Ps. 79,9 u. ö.).[1] In der griechischen Übersetzung der Septuaginta dient zumeist das Verbum ῥύεσθαι zur Bezeichnung des erlösenden Handelns Gottes.

Im Neuen Testament wird dieser biblische Sprachgebrauch aufgenommen und weitergeführt, indem vornehmlich Gottes rettendes Handeln durch das Christusgeschehen als die Erlösung verstanden wird, die er seinem Volk zugewandt hat und zuwenden wird. Auf der einen Seite heißt es, die Rettung sei bereits erfolgt, auf der anderen Seite wird sie erst als zukünftiges Geschehen erwartet, so dass allen Aussagen ein eschatologisches Verständnis der göttlichen Erlösung eigen ist.[2] Der barmherzige Gott – so bekennt die Gemeinde Christi – „hat uns errettet von der Macht der Finsternis und hat uns versetzt in das Reich seines lieben Sohnes" (Kol. 1,13). Auf das Kommen des Christus richtet sich die Hoffnung der Glaubenden, „zu warten auf seinen Sohn vom Himmel, den er auferweckt hat von den Toten, Jesus, der uns von dem zukünftigen Zorn errettet" (1. Thess. 1,10). Wenn von seiner Ankunft in der urchristlichen Missionspredigt gesprochen wird, dann wird damit der kommende Christus als der Retter (ῥυόμενος) bezeichnet, wie es dem Sprachgebrauch der LXX entspricht. Gemeinchristliche Überzeugung ist es, dass der gekreuzigte und auferstandene Herr als der Erlöser kommen wird, „der abwenden wird alle Gottlosigkeit von Jakob" (Röm. 11,26).[3]

Wovon aber soll nach der letzten Bitte des Vaterunsers Gott die Seinen am Ende erlösen? In jüdischen Gebeten der alten Welt wird die Hoffnung auf Erlösung des Öfteren näher bestimmt. So lautet die 7. Benediktion des Achtzehngebets: „Sieh an unser Elend und führe unsere Sache und eile, uns zu erlösen; denn ein Gott [der König ist], ein starker Erlöser bist du. Gepriesen seist du, Herr, Erlöser Israels." In einem Psalm, den die Qumrangemeinde David zuschreibt, spricht der Beter: „Nicht laß über mich herrschen einen Satan oder unreinen Geist."[4] Ähnlich ist eine andere Bitte um Erlösung formuliert: „Kein Satan soll mich überwältigen, mich von deinem Weg abzubringen."[5] Ist in diesen Worten das Böse als der satanische Widersacher Gottes personifiziert, so kann die Macht des Bösen auch unpersönlich benannt werden: „Errette mich von einem bösen Begegnis und von bösen Leiden, und nicht mögen mich schrecken böse Träume noch böse Gedanken."[6] In jüdischen Texten wird die Macht des Bösen durchweg als feindliche Gewalt verstanden, jedoch der Satan nicht ausdrücklich als „der Böse" bezeichnet.[7] In der urchristlichen Überlieferung aber wird des Öfteren der Teufel der Böse schlechthin (in maskulinischer Bedeutung) genannt.[8] Daher kann die seit alters diskutierte Frage, ob in der letzten Bitte des Vaterunsers vom Bösen in neutrischer Bedeutung als finsterer Macht oder in maskulinischem Verständnis vom Satan als dem bösen Widersacher die Rede ist, nicht durch einen Blick auf jüdische Aussagen der alten Welt beantwortet werden. Die eine wie die andere Auffassung bleibt möglich.

Auch die Grammatik kann nicht zu einem Entscheid helfen; denn der Genitiv ἀπὸ τοῦ πονηροῦ („von dem Bösen") lässt sich sowohl als Maskulinum wie auch als Neutrum auffassen. Die eine wie die andere Erklärung ist in der bis in die älteste Zeit zurückreichenden Geschichte der Auslegung vertreten worden.[9] In der westlichen Christenheit wurde überwiegend das neutrische Verständnis bevorzugt: „Erlöse uns von dem Übel." Dieser Ansicht ist auch *Martin Luther* gefolgt. Im Osten hingegen herrscht die maskulinische Wiedergabe vor.[10] Bis heute sind die Meinungen unter den Exegeten geteilt.[11] Einige Interpreten haben wie *Calvin* eine weise Entscheidung getroffen, indem sie die Frage offen ließen.[12]

Der Befund, wie er in den Schriften des Neuen Testaments vorliegt, zeigt, dass die eine wie die andere Ansicht im urchristlichen Sprachgebrauch Anhalt finden kann. Heißt es in der Bergpredigt, die Rede der Jünger solle „Ja, ja; nein, nein" sein und alles, was darüber ist, sei vom Übel (Mt. 5,37), so ist in neutrischer Bedeutung vom πονηρόν gesprochen. Gleichwohl hat man in der alten Kirche auch hier daran gedacht, es könne auf den Satan angespielt sein.[13] Ähnlich ließe sich auch in der Wendung, dem Übel nicht zu widerstehen, an den stets angriffslustigen Versucher denken. Von ihm ist in eindeutigen Worten in der Auslegung des Gleichnisses vom viererlei Acker die Rede. Heißt es im Gleichnis, einiges von der ausgestreuten Saat sei auf felsigen Boden gefallen; „und da kamen die Vögel und fraßen's auf" (Mt. 13,4), so lautet die Deutung nach Mk. 4,15, es sei der Satan gekommen und habe das ausgestreute Wort wieder fortgenommen. Statt vom Satan wird in der Matthäusfassung „von dem Bösen" gesprochen (Mt. 13,19) und damit der Teufel als die mächtigste Verkörperung des Bösen charakterisiert.

Auch an anderen Stellen wird der gefährliche Widersacher als der Böse bezeichnet, so Eph. 6,16, wenn auf die Pfeile des Bösen hingewiesen wird, denen es standzuhalten gilt – oder 1. Joh. 2,13, wo die jungen Männer dafür gelobt werden, dass sie den Bösen überwunden haben. Es liegt daher nahe, nicht allein an das Böse in allgemeiner Bedeutung zu denken, sondern eben an die gefährliche Zuspitzung, die das Böse in dem bösen Widersacher erhält. Vor den gefährlichen Angriffen des Teufels soll die Gemeinde gewarnt und dazu angehalten werden, auf der Hut zu bleiben.[14]

In den apokalyptischen Schrecken der letzten Zeit wird das Walten des Satans noch einmal besonders bedrohliche Ausmaße annehmen. Doch darf die Christenheit dessen gewiss sein, dass die Macht des Satans schon gebrochen und sein Wüten als letzte Anstrengung der bösen Gewalt zu begreifen ist. Der Verleumder, der nur Böses wirkt, ist bereits aus der himmlischen Welt hinuntergestürzt. Er kann zwar noch die Glaubenden angreifen, aber nicht mehr den endgültigen Sieg gewinnen. Sein Streben nach der Herrschaft über die Welt ist endgültig gescheitert (Apk. 12,1–18; Joh. 12,31). Noch aber müssen die Menschen im endzeitlichen Kampf Position beziehen, wie auf ihre Weise die Gemeinde von Qumran die Zeichen der Zeit zu deuten suchte. In der Auseinandersetzung zwischen den widerstreitenden Geistern gehören die Frommen auf die Seite des Lichts und damit des Siegers.[15] Noch ist den satanischen Mächten eine kurze Frist zugestanden, in der sie ihr bedrohliches Walten austoben dürfen. Aber wenn die erwählte Gemeinde standhaft und im Gehorsam treu bleibt, kann sie der kommenden Erlösung gewiss sein.

So ist die letzte Bitte des Vaterunsers[16] dahin zu verstehen, dass Gott uns frei machen möge von den listigen Umtrieben des Bösen, wie es im Satan als feindlicher Gewalt verkörpert wird. Als Widersacher Gottes sucht er die Frommen in Bedrängnis zu bringen. Doch zu Gott wird gerufen, er möge sein listiges Handwerk zunichte machen und die bedrohte Gemeinde erlösen.

Anmerkungen

1 Weitere Belege bei W. Kasch, ThWNT VI, 1001 f.

2 Zum eschatologischen Charakter der Wir-Bitten vgl. A. Vögtle, Der „eschatologische" Bezug der Wir-Bitten des Vaterunser, in: Jesus und Paulus, Festschrift W.G. Kümmel, Göttingen 1975, 344–362.

3 Diese Erwartung, die den Blick auf die Zukunft Israels richtet, charakterisiert der Apostel im Anschluss an die Verheißung von Jes. 59,20.

4 11 QPs^a 19,15. Vgl. Philonenko, Vaterunser, 103.

5 So in einer Variante zu Test. Levi 2,3. Vgl. Philonenko, ebd.

6 b Ber. 60 b; vgl. Billerbeck I, 422.

7 Vgl. Billerbeck, ebd.; sowie Dalman, Worte Jesu I, 351: „Für den Satan erscheint in der jüdischen Literatur niemals die Bezeichnung ‚der Böse' (hebr. ha-ra)." Dieser These widerspricht Philonenko, Vaterunser, 103f., mit Hinweis auf Bereschit Rabbah, wo der „Böse" genannt wird. Doch bleibt diese Bezeichnung in jedem Fall ungewöhnlich und ausgesprochen selten.

8 Vgl. Mt. 13,19.38; Eph. 6,16; 1. Joh. 2,13f. u. ö. Vgl. Lohmeyer, Vater Unser, 151.

9 Vgl. Lohmeyer, Vater Unser, 161f.

10 Vgl. G. Harder, ThWNT VI, 560.

11 So bevorzugt Lohmeyer, a. a. O., 152, die maskulinische Auffassung, Harder, a. a. O., 560f., die neutrische; so auch Luz, Das Evangelium nach Matthäus, 349, und Cullmann, Das Gebet im Neuen Testament, 88.

12 Belege bei Harder, a. a. O., 560.

13 Zum Problem der rechten Beurteilung des Bösen vgl. U. Dalferth, Malum. Theologische Hermeneutik des Bösen, Tübingen 2008.

14 Vgl. Harder, a. a. O., 561.

15 Zu vergleichbaren Belegen aus den Texten von Qumran vgl. Harder, a. a. O., 551f.

16 Die kürzere Fassung des Gebets im Lukasevangelium geht auf eine unabhängige liturgische Tradition zurück. Sie erklärt sich daher nicht durch die Vermutung, der Evangelist habe die siebente Bitte fortgelassen, „weil man ein Gebet nicht mit der Erwähnung des Argen, des Satans schließen wollte". So J. Schniewind, Das Evangelium nach Matthäus, [4]Göttingen 1950, 89.

9. Der abschließende Lobpreis

Sowohl in der Handschriften der Lukasfassung wie auch in den ältesten Textzeugen des Matthäusevangeliums fehlt ein abschließender Lobpreis. Erst in der späteren Überlieferung wird das Vaterunser mit einer Doxologie beendet: „Denn dein ist das Reich und die Kraft und die Herrlichkeit in Ewigkeit. Amen."[1]

Nach fester jüdischer Sitte gehört an das Ende eines jeden Gebets ein Lobspruch, in dem Gott die ihm allein geschuldete Ehre erwiesen wird.[2] Damit wird gleichsam das Siegel unter die ausgesprochenen Bitten gesetzt.[3] Auch das Gebet Jesu wird mit einem solchen Lobspruch beendet worden sein. Doch ist anzunehmen, dass in der ältesten Überlieferung noch nicht ein bestimmter Wortlaut für diesen Abschluss festgelegt worden ist. Vielmehr ist vorausgesetzt, dass die Beter in freier Gestaltung Gott die Ehre zu geben hatten. Für die einzelnen Bitten, die im Gebet vorzubringen sind, gab es eine geprägte Vorgabe. Den Abschluss dagegen konnte man in eigenen Worten formulieren. In der urchristlichen Überlieferung wird Anfang des 2. Jahrhunderts n. Chr. in der Apostellehre/Didache dem Vaterunser eine Doxologie angefügt, die freilich im Unterschied zur späteren Überlieferung nur zwei Glieder enthält: „Denn dein ist die Kraft und Herrlichkeit in Ewigkeit." (Did. 10,5)

In den biblischen Texten wie auch in der breiten Tradition jüdischer Gebete wurde dem Beter eine reiche Fülle von Lobsprüchen angeboten. Beispiele finden sich im Psalter wie Ps. 106,48: „Gelobt sei der Gott Israels von Ewigkeit zu Ewigkeit. Und alles Volk spreche: Amen, Halleluja!" Als Gebet Davids, das er im Blick auf die Errichtung des Tempels gesprochen habe, heißt es 1.Chr. 29,11–13: „Dein, Herr, ist die Majestät und Gewalt, Herrlichkeit, Sieg und Hoheit. Denn alles, was im Himmel und auf Erden ist, das ist dein. Dein, Herr, ist das Reich, und du bist erhöht zum Haupt über alles. Reichtum und Ehre kommt von dir, du herrschest über alles. In deiner Hand steht es, jedermann groß und stark zu machen. Nun, unser Gott, wir danken dir und rühmen deinen herrlichen Namen." In unterschiedlicher Zuordnung finden sich immer wieder die Begriffe „Kraft" und „Herrlichkeit" sowie „Reich" bzw. „Herrschaft Gottes". Nach der Mischna wurde in der Liturgie des Tempels ein vollklingender Lobpreis angestimmt: „Gepriesen sei der Name seines (d. h. Gottes) herrlichen Reiches immer und ewig."[4] Ähnlich gibt ein überlieferter Lobspruch an, man habe als Antwort auf das vorgesprochene Gebet gesagt: „Gepriesen sei der Name seines herrlichen Reiches immer und ewig."[5]

Im Neuen Testament sind viele Lobsprüche enthalten, die die Beter aufnehmen mögen. So pflegt der Apostel Paulus seine langen grundsätzlichen Ausführungen, die er in seinen Briefen entfaltet, am Ende stets mit einer Doxologie abzuschließen, mit der alle Theologie das Lob Gottes zu bezeugen hat: „Denn von ihm und durch ihn und zu ihm sind alle Dinge. Ihm sei Ehre in Ewigkeit." (Röm. 11,36)[6] Und im 2. Timotheusbrief wird die Zuversicht, mit der der Apostel Paulus seinem von Gott bestimmten Ende entgegensieht, mit folgenden Worten beschrieben: „Der Herr aber wird mich erlösen von allem Übel (Bösen) und mich retten in sein himmlisches Reich. Ihm sei Ehre von Ewigkeit zu Ewigkeit! Amen." (2. Tim. 4,18)

In den Lobpreis der himmlischen Heerscharen, von denen das Weihnachtsevangelium spricht, wird in der Liturgie der ersten Christenheit eingestimmt: „Ehre sei Gott in der Höhe und Friede auf Erden bei den Menschen seines Wohlgefallens." (Lk. 2,14) Damit vereint sich die auf Erden lebende Christenheit mit dem Gotteslob, wie es in den himmlischen Höhen erklingt: „Ihm sei Ehre und Gewalt von Ewigkeit zu Ewigkeit! Amen" (Apk. 1,6); bzw.: „Herr, unser Gott, du bist würdig, zu nehmen Preis und Ehre und Kraft; denn du hast alle Dinge geschaffen, und durch deinen Willen wurden sie geschaffen" (Apk. 4,11); oder: „Es sind die Reiche der Welt unseres Herrn und seines Christus geworden, und er wird regieren von Ewigkeit zu Ewigkeit." (Apk. 11,15; vgl. weiter Apk. 11,17; 12,10 f.; 19,6; 20,4.6 u. a.)

Die Doxologie, die das Vaterunser abschließt, wird mit einem begründenden „denn" (ὅτι) eingeleitet. Mit den folgenden Worten wird betont, dass niemand anderem als Gott allein alle Ehre gebührt. Wird diese respektvolle Aussage dann mit den drei Begriffen „Reich", „Kraft" und „Herrlichkeit" gefüllt, so bezieht sich das erste Wort „Reich" (βασιλεία) auf die Verkündigung Jesu von der anbrechenden Gottesherrschaft.[7] Die beiden folgenden Begriffe „Kraft" und „Herrlichkeit" schließen sich als Hinweise auf die Offenbarung der göttlichen Herrlichkeit an, die die weltweite Gewalt Gottes im Himmel und auf Erden bezeichnen (vgl. Mt. 24,30: „Der Menschensohn wird kommen mit großer Kraft und Herrlichkeit"). Ist auf Erden noch vor den Blicken der Menschen verborgen, dass Gott alle Gewalt und Herrlichkeit eigen sind, so wird am Ende der Zeiten vor aller Augen offenbar werden, wer der Herrscher über Himmel und Erde ist. Mit diesem auf die Vollendung gerichteten Abschluss wird der eschatologische Klang, der das ganze Gebet durchzieht, noch einmal voll zur Geltung gebracht. Was am Anfang des Gebets in den Bitten ausgesprochen war, wird nun noch einmal im Lobpreis aufgenommen. Von der Herrschaft Gottes, um deren Kommen zu Gott mit den Worten „Dein Reich komme" gerufen wird, handelt die zweite Bitte. Auf Gottes Kraft deutet die Bitte, der Wille Gottes möge wie im Himmel so auf Erden geschehen. Und was Gottes Herrlichkeit ist, wird gleich zu Beginn des Gebetes ausgesagt, indem der Ehre des göttlichen Namens der erste Platz gegeben wird.[8]

Mit den Worten „in alle Ewigkeit" endet der Lobpreis. Von Gottes Ewigkeit, die sich so grundlegend von allen zeitlichen Begrenzungen unterscheidet, denen unser menschliches Leben unterworfen ist, wird oft mit dem Plural „Ewigkeiten" bzw. „von Ewigkeit zu Ewigkeit" gesprochen.[9] Nur durch einen volltönenden Ausdruck kann einigermaßen angemessen angedeutet werden, was bis in alle unvorstellbaren Ewigkeiten wahrhaftig gilt. Gott, bei dem tausend Jahre wie ein Tag sind (Ps. 90,4), herrscht im Himmel und auf Erden, ohne dass jemals seinem Regiment ein Ende gesetzt wird. Indem die unbegrenzte Fülle der Ewigkeiten im Plural genannt wird, wird angedeutet, wie die aufeinander folgenden und sich ablösenden Zeitalter in ihrer Gesamtheit auf Gottes Ewigkeit bezogen sind.

Die Gemeinde spricht diesen Lobpreis, so dass alle ihre Glieder in die große Gemeinschaft der Beter hineingenommen werden. Darum bleibt kein Beter allein, sondern weiß sich jeder als Glied unter den vielen Gliedern der Gemeinde Jesu Christi.

An das Ende des abschließenden Lobpreises setzt die spätere Überlieferung ein kraftvolles „Amen".[10] Wer „Amen" sagt, macht sich das Gebet als seines zu eigen (1. Kor. 14,16): „Das ist wahr und gilt gewiß." Wird im Gottesdienst auf die Hymnen des Lobpreises „Amen" geantwortet, so wird damit eine Bekräftigung zu den soeben erklungenen Worten ausgesprochen (vgl. Apk. 5,14). Ebenso kann an den Schluss längerer Ausführungen oder eines ganzen Buches – wie in manchen Bibelhandschriften – als letztes Wort ein „Amen" gesetzt werden, um die Wahrheit der gesprochenen Rede bzw. der geschriebenen Zeilen und Seiten zu betonen.

Der Apostel Paulus nennt Christus das „Ja", das auf alle Gottesverheißungen antwortet: „Darum sprechen wir auch" – so wird hinzugefügt – „durch ihn das Amen, Gott zum Lobe." (2. Kor. 1,20) Mit einem „Ja" / „Amen" wird noch einmal versichert, dass auf Gottes gnädige Zusagen Verlass ist. Sie gelten als unerschütterlich.[11]

So zeigt die älteste Bezeugung des Herrengebets durch den abschließenden Lobpreis, auf welche Weise es zu rechtem Beten anleiten will. Finden sich im Matthäus- und im Lukasevangelium zwei Fassungen des Vaterunsers, die nicht in allen Einzelheiten übereinstimmen, so ist daraus zu ersehen, dass das Vaterunser nicht formelhaft verstanden werden will, sondern gleichsam die wichtigsten Stichworte nennt, an denen rechtes Gebet sich zu orientieren hat. Indem die Beter mit „Ja" / „Amen" schließen, besiegeln sie: So ist es und so bleibt es gültig – allezeit.

Anmerkungen

1 Vgl. den textkritischen Apparat in Nestle-Aland, zu Mt. 6,13.

2 Vgl. I. Elbogen, Der jüdische Gottesdienst in seiner geschichtlichen Entwicklung, [4]Hildesheim 1962, 249.

3 Vgl. A. Schlatter, Der Evangelist Matthäus, [3]Stuttgart 1948, 217.

4 Joma, VI, 2; vgl. Billerbeck, I, 423.

5 jBer. 14c; vgl. Billerbeck, ebd.

6 Vgl. E. Lohse, Doxologien im Römerbrief, in: Für alle Zeiten zur Erinnerung, Festgabe für F. Mußner, SBS 209, Stuttgart 2006, 255–253 (= Rechenschaft vom Evangelium, Exegetische Studien zum Römerbrief, BZNW 150, Berlin 2007, 20–28).

7 Zu jüdischen Lobsprüchen, in denen auch die Herrschaft Gottes betont hervorgehoben wird, s. o. S. 46.

8 Vgl. Dalman, Worte Jesu I, 363.

9 Vgl. H. Sasse, ThWNT I, 198–200.

10 Vgl. Nestle-Aland, zu Mt. 6,13.

11 Vgl. H. Schlier, ThWNT I, 339–342, sowie J. Jeremias, Amen, TRE II (1977), 386–391.

Die bleibende Bedeutung des Vaterunsers

Das Gebet Jesu und der frühen Christenheit

Jesu Verkündigung ist im Vaterunser in knapper und konzentrierter Gestalt zusammengefasst.[1] Der Kirchenvater *Tertullian* bezeichnete es daher zu Recht als „breviarium totius Evangelii".[2] Und Bischof *Cyprian* von Karthago nannte im 3. Jahrhundert n. Chr. das Vaterunser ein „coelestis doctrinae compendium".[3]

Wer das Gebet des Herrn Wort für Wort bedenkt, wird überall deutliche Bezugnahmen auf die Botschaft entdecken, die Jesus gebracht hat. Gott wird als „Abba"/„Vater" angeredet – mit der Anrede, mit der Jesus sich an Gott wandte und auch in der schwersten Stunde tödlicher Bedrängnis zu ihm sprach. Gott ist der barmherzige Vater, der den heimkehrenden Sohn, den man schon verloren geglaubt hatte, in die Arme schließt. Voller Ehrfurcht wird er bei diesem Namen genannt, der sich aus der Vielzahl von Bezeichnungen des Gottes Israels durch seine Schlichtheit und Klarheit heraushebt. Zu ihm wird gerufen, er möge sein Reich bald anheben lassen, kündigt Jesu doch an, die Herrschaft Gottes sei nahe herbeigekommen. Ihre andringende Gegenwart ruft die Hörer dazu auf, von ihren bisher begangenen Wegen umzukehren und sich hinzuwenden zum neuen Leben unter Gottes Herrschaft.

Hinkehr zu Gott aber bedeutet, nach seinem Willen zu fragen und ihm gehorsam zu sein. Folgt die kosmische Ordnung in den himmlischen Höhen dem sie bestimmenden göttlichen Willen, so möge auch auf Erden der Tag kommen, an dem sich Gottes Wille allerorten durchsetzt. Dieser sein väterlicher Wille wird – wie Jesu Gebet in Gethsemane zeigt – auch in harter Anfechtung und bitterem Leiden erkannt. Wer auf Gott als den Vater vertraut, wird sich auch in seinen unbegreiflichen Ratschluss fügen und in seinen Willen schicken.

Wird in den ersten drei Bitten der Vater mit dem wiederholten „Du" angeredet, so richten sich im zweiten Teil des Gebets die Blicke auf das „Wir" der betenden Gemeinde. Sie bittet um das Brot für den Tag, die nötige Versorgung für die nahe Zukunft. Mit Lob und Dank weiß sie die Gaben des Vaters zu empfangen und so allen ängstlichen Sorgen den Abschied zu geben. Ist sie doch dessen gewiss, dass der himmlische Vater sich ihrer angenommen hat und für sie sorgt.

Im Wissen, ganz auf die Güte des Vaters angewiesen zu sein, wird von ihm Vergebung aller Schuld erbeten. Jesus hat Gottes Vatergüte bezeugt, indem er mit verlorenen und verachteten Menschen, Zöllnern und Sündern, Gemeinschaft hatte und ihnen die barmherzige Nähe Gottes brachte. Dann heißt es, Gott möge uns nicht in Versuchung fallen lassen. Was bedrohliche Versuchung sein kann, wird beispiel- und vorbildhaft in der Geschichte von den drei Versuchungen dargestellt, denen Jesus standhielt. Gegenüber allen Anfechtungen, die zur Abkehr vom Glauben locken wollen, möge der gnädige Beistand Gottes vom Bösen erlösen und seine Kinder befreien zu dankbarem Lobpreis und gehorsamer Gestaltung ihres Lebens.

Die Betrachtung des Vaterunsers lehrt, wie fest Jesu Gebet mit seiner Verkündigung und seinem Geschick verknüpft ist. Bei der Auslegung des Gebets zeigen sich aber auch beachtliche Ähnlichkeiten mit zeitgenössischen jüdischen Gebeten. Israel weiß von seinem Gott mit der Bezeichnung „Vater" zu reden, setzt jedoch fast stets weitere Hoheitstitel wie „König" / „Herrscher" oder andere hinzu. Im Gebet des Qaddisch stehen am Anfang die beiden Bitten um die Heiligung des göttlichen Namens und um das Kommen seines Reiches. Gottes Herrschaft aber – so führen in aller Regel jüdische Gebete, vor allem das Achtzehngebet, aus – wird das Geschick seines Volkes wenden und die messianische Heilszeit heraufführen. Sie wird die Erlösung Jerusalems und die Herrlichkeit des Reiches Davids bringen, so dass alle Welt begreift, dass das Volk Gottes herrlich dastehen und auf dem Berg Zion erhöht sein wird. Dorthin werden sich alle Völker miteinander wenden und durch ihre Wallfahrt Gott die ihm geschuldete Ehre erweisen.

Nach Gottes Willen fragt der fromme Jude und sucht ihn in genauer Betrachtung der Thora zu erkennen, um seinen Geboten zu folgen. Israel weiß darum, dass alles irdische Geschehen nach dem Willen Gottes seinen Lauf nimmt und am Ende der Zeit alle Hindernisse fortgeschafft sein werden, so dass nur Gottes Willen Raum gegeben wird. Von Gottes vergebender Barmherzigkeit spricht auch das Judentum zur Zeit Jesu in vielen Worten. Doch ist und bleibt seine Güte an die alles bestimmende Gültigkeit der Thora gebunden, der Gehorsam zu erweisen ist. Seine Gegenwart wird auch in Anfechtungen und Nöten Bestand haben und fest gegründeter Fels bleiben. Er wird daher angerufen, sein Volk zu erlösen und allem Bösen zu entreißen.

Wort für Wort lassen die im Vaterunser verwendeten Begriffe Anklänge an die reichen Gebetsüberlieferungen Israels erkennen, so dass man den Eindruck gewinnen kann, Jesu Gebet sei aus vorgegebenen Wendungen aus der Gebetstradition Israels formuliert.[4] In der Tat veranschaulicht das Vaterunser, dass Jesus mit den Gebetstraditionen Israels auf das engste vertraut war. Damit aber stellt sich die Frage, wie sich das Vaterunser als kurze Zusammenfassung der Verkündigung Jesu zu den jüdischen Voraussetzungen verhält.

Im Vaterunser kommen Jesu Worte authentisch zu Gehör. Nahezu unbestritten ist, dass das Gebet auf Jesus selbst zurückzuführen und von ihm formuliert worden ist.[5] In diesen Worten leitet Jesus seine Jünger zur Einübung in rechtes Beten an.[6] Dabei gewinnen seine Worte ihre Leuchtkraft im Licht ihrer jüdischen Voraussetzungen[7], so dass die Lebenswelt Jesu und seiner Jünger deutlich hervortritt. Zugleich aber kommt Jesu Stimme kraftvoll zu Wort und zeichnen sich seine Worte in ihrer Einmaligkeit und ihrem besonderen Charakter aus.[8]

Jesu Worte sind darauf konzentriert, im Gebet das wirklich Wichtige zu sagen – kein Wort zu viel und keines zu wenig. Die Anrede an Gott als „Vater" bzw. „Unser Vater in den Himmeln" bedarf keiner Hinzufügung, um etwa seine einzigartige Würde wortreich zu beschreiben. In der Anrede „Vater" ist alles gesagt und sind gleichsam die folgenden Bitten schon eingeschlossen.

Wie im jüdischen Gebet des Qaddisch werden an den Anfang die Bitten um die Heiligung des göttlichen Namens und um das Kommen seiner Herrschaft gestellt. Sie werden in äußerster Knappheit und Genauigkeit formuliert. Weil Gott in getroster Zuversicht angesprochen werden darf, gehört dem Erweis seiner Ehre und dem Bekenntnis zu seiner Herrschaft der erste Rang, gefolgt von der Versicherung ungeteilter Hingabe an seinen Willen. Die Beter haben das feste Zutrauen, dass dieser sein Wille nicht nur allemal der beste ist, sondern auch gegen alle Widerstände endlich zum Vollzug gelangen wird.

Erst in zweiter Hinsicht darf dann auch von allem die Rede sein, was Leben und Handeln der Glaubenden angeht. Dabei wird – im Unterschied zu jüdischen Gebeten – nicht vom politischen Geschick des Gottesvolkes gesprochen, sondern es wird allein genannt, wessen es Tag für Tag vor allem anderen bedarf. Das tägliche Brot ist so nötig wie die barmherzige Vergebung Gottes. Diese Vergebung soll weitergegeben werden. Und vor drohenden Gefahren – welcher Art auch immer – möge der Vater gnädig bewahren und vom Bösen erlösen. Wie am Anfang der Ehre Gottes der erste Platz gegeben wird, so wird auch am Ende die Ehre Gottes im bekennenden Lobpreis gerühmt. Soli Deo Gloria![9]

Die griechisch sprechenden Gemeinden der frühen Christenheit, zu denen Juden und Heiden sich zusammengefunden hatten, waren sich dessen bewusst, von welch bestimmender Bedeutung die Anrede Gottes als „Vater" ist, so dass sie das aramäische Wort, wie es Jesus und seine Jünger gesprochen hatten, festhielten, durch Wiedergabe „Abba"/„Vater" erläuterten und sich zu eigen machten.

Die Evangelisten überliefern das Vaterunser als eine Anleitung zu rechtem Beten und haben es als Muster der Gott vorzutragenden Bitten aufgezeichnet. Durch die Rahmung, in die sie das Herrengebet gefasst haben, geben sie eine erste Auslegung seiner Bitten und eine Hilfe, wie es verstanden und nachgesprochen sein soll (s. o. S. 15). Der Evangelist Lukas, der die kürzere Fassung des Vaterunsers bietet, hat diesem eine knappe Anleitung angefügt, die zum Beten ermutigen soll.[10] Dabei kann er sich auf ihm überkommene Überlieferung der Sprüche Jesu stützen (= Q). Das Gleichnis vom bittenden Freund (Lk. 11,5–8) erzählt, wie zu später Stunde ein Freund zum Freund kommt und ihn bittet, er möge ihm drei Brote borgen. Kann man sich vorstellen, dass dem Freund die Erfüllung dieser Bitte versagt wird? Jeder Hörer wird auf Grund von Freundschaft, wie er sie im Leben erfahren hat, aus seiner Erfahrung antworten: Nein – man wird ohne Zweifel bereit sein, dem bittenden Freund zu helfen und ihm zu geben, was er braucht (V. 8). Das Gleichnis will somit zeigen, dass eine aus vollem Vertrauen gesprochene Bitte Erfüllung erfährt.[11]

Darum: „Bittet, so wird euch gegeben; suchet, so werdet ihr finden; klopft an, so wird euch aufgetan." (V. 9)

Eine weitere anschauliche Frage wird diesen Worten an die Seite gestellt: Wo ist ein Vater, den sein Sohn um einen Fisch bittet, der ihm statt des erbetenen Fisches eine Schlange bieten würde? (V. 11) Oder wenn der Sohn um ein Ei bittet, würde der Vater ihm stattdessen einen Skorpion geben? (V. 12) Ausgeschlossen – nur so kann die Antwort lauten –, kein Vater wird so etwas tun. Sondern er wird bemüht sein, der Bitte seines Sohnes so gut wie irgend möglich zu entsprechen. Diesen Fragen wird die Folgerung angeschlossen: „Wenn nun ihr, die ihr böse seid, euren Kindern gute Gaben geben könnt, wieviel mehr wird der Vater im Himmel den heiligen Geist geben denen, die ihn bitten." (V. 13)[12]

In diesem kleinen Gebetskatechismus, wie der Evangelist Lukas ihn als Auslegung dem Vaterunser hinzufügt, soll den Jüngern versichert werden, dass rechtes Beten nicht vergeblich ist, sondern erhört wird. Die kurzen Abschnitte sind nicht nur durch den ihnen gemeinsamen Inhalt, sondern auch durch einige bestimmende Stichworte miteinander verbunden, so dass sie sich dem Gedächtnis besser einprägen können.[13] Der leitende Begriff des Betens steht in den Versen 1 und 2 voran. Vom Geben als Erfüllung ausgesprochener Bitte ist in den Versen 3,7–9 und 11.13 die Rede. Und die Gabe des Brotes ist im Vaterunser genannt und dann wieder im Gleichnis vom bittenden Freund, dem es darum geht, drei Brote zu bekommen (V. 5). Die Belehrung, die Jesus den Jüngern über rechtes Beten gibt, möchte sie dazu anhalten, im Beten nicht nachzulassen.[14]

Wie die Jünger Johannes des Täufers dem Vorbild ihres Meisters folgten und ihm die Worte des Gebets nachsprachen, so soll auch die Schar der Jünger Jesu sich ihrer Zusammengehörigkeit untereinander und ihrer Verbundenheit mit ihrem Herrn bewusst sein.[15] Indem die Gemeinde, die sich zu Jesus als dem Christus bekennt, die durch seine Autorität legitimierten Worte des Gebets spricht, wird dieses zur bestimmenden Größe, an der sich ihre Lebensführung zu orientieren hat.[16]

Der Evangelist Matthäus hat gleichfalls – jedoch unabhängig vom Evangelisten Lukas – das Vaterunser mit einem Rahmen versehen, der seine Leser anweist, wie sie das von ihrem Herrn vorgegebene Gebet zu verstehen und zu sprechen haben. Auch der Evangelist Matthäus kann sich für die von ihm gestaltete Lehre vom rechten Beten auf vorgegebene Überlieferungen stützen. Dabei muss offen bleiben, ob diese Tradition auf andere Stücke der Spruchtradition

(= Q) oder aber auf Sondergut zurückgeht.[17] Dem Evangelisten kommt es darauf an, falsches, auf prahlerische Selbstdarstellung gerichtetes Handeln von rechtem Verhalten zu unterscheiden.[18] Nacheinander wird vom Almosen, vom Beten und vom Fasten gehandelt – drei Bereiche frommen Lebens wie sie für jüdisches Verständnis von bestimmender Bedeutung für ein dem Willen Gottes gemäßes Verhalten gelten (s. o. S. 15). Indem dabei die Ausführungen, die das Gebet betreffen, in die Mitte der Komposition gerückt werden, wird ihre herausgehobene Bedeutung betont.

Durch das Stichwort „Gerechtigkeit" (δικαιοσύνη) ist der Anfang des 6. Kapitels im Matthäusevangelium mit dem voranstehenden Zusammenhang verknüpft. Hieß es dort, die Gerechtigkeit der Jünger Jesu müsse besser sein als die der Schriftgelehrten und Pharisäer (Mt. 5,20), so ist nun die Gerechtigkeit auf die bestimmte Frage bezogen, wie Almosen gegeben werden soll.[19] Die Heuchler brüsten sich in den Synagogen und auf den Gassen, um von den Menschen gesehen und gelobt zu werden. Doch durch ihr eitles Verhalten haben sie den Sinn der von ihnen entrichteten Gaben vollkommen verdorben. Sie haben mit dem Beifall der Öffentlichkeit ihren Lohn dahin, weil sie nicht auf Gottes Barmherzigkeit, sondern nur auf ihren eigenen Ruhm geblickt haben. Rechtes Handeln geschieht im Verborgenen, das so verborgen sein sollte, dass die linke Hand nicht weiß, was die rechte tut (Mt. 6,3 f.). Sieht doch der himmlische Vater ins Verborgene und wird darauf seine gnädige Vergeltung richten.

Derselbe Gegensatz „öffentlich – verborgen" wird auch am Beispiel des Betens veranschaulicht. Hier ist der Evangelist wortreicher und bettet das Gebet des Vaterunsers in seine Ermahnung zu rechtem Beten ein. Wiederum wird betont, dass sich rechtes Verhalten auf das deutlichste von dem der Heuchler unterscheiden muss, weil sie nur darauf bedacht sind, von den Menschen gesehen und gelobt zu werden.

Nach allgemein gültigem Verständnis des Judentums kann überall – zu jeder Zeit und an jedem Ort – ein Gebet zu Gott gesprochen werden, am Tempel ebenso wie im Haus oder auch auf der Straße. Jesu Wort vom rechten Beten denkt offensichtlich insbesondere an die Einhaltung der drei Gebetszeiten morgens, mittags und abends. Rechtes Beten richtet den Blick allein auf Gott. Die Heuchler hingegen schauen auf die sie umgebenden Menschen und wollen ihnen durch ihr Verhalten Eindruck machen, um ihren Beifall zu bekommen. Doch der Sinn des Gebets wird verfehlt, wenn man auf die Menschen und deren Urteil schielt. Wer das Gebet missbraucht, um seine Frömmigkeit öffentlich zur Darstellung zu bringen, der hat – wie beim Almosen – seinen Lohn schon erhalten. Rechtes Beten will vielmehr unauffällig und ohne Prahlerei versehen werden: im Kämmerlein, in das allein der himmlische Vater blickt. Ihm wird nichts entgehen, was in Demut im Verborgenen[20] geschieht, in das kein Mensch Einblick hat.

Doch nicht nur von den Heuchlern, sondern auch vom Plappern der Heiden soll sich rechtes Beten von Grund auf unterscheiden. Sie machen viele Worte in der Meinung, durch langes Reden eher Erhörung vonseiten der Götter gewinnen zu können. Die Leute Jesu aber sollen in der Gewissheit beten, dass der himmlische Vater hört, was sie sagen. Gott braucht nicht unser Gebet, weil nichts vor seinen Augen verborgen ist. Er weiß, was die Beter benötigen, bevor sie ihn bitten (Mt. 6,8). Diese Gewissheit gibt dem Beten die rechte Orientierung, den Sinn allein auf die Barmherzigkeit des himmlischen Vaters zu richten.

An die Verse, die den Inhalt des Vaterunsers überliefern, hat der Evangelist noch zwei Sprüche Jesu angehängt, zu denen sich eine Parallele im Markusevangelium findet: „Wenn ihr steht und betet, so vergebt, wenn ihr etwas gegen jemanden habt, damit auch euer Vater im Himmel euch vergebe eure Übertretungen." (Mk. 11,25) Mit diesem Wort wird die unvergleichliche Bedeutung der Vergebung hervorgehoben. Gottes gnädige Zuwendung schließt die Verpflichtung ein, dass die Beter auch ihrerseits den Menschen vergeben (Mt. 6,14 f.). Wo jedoch diese Bereitschaft fehlt, da wird auch Gottes Vergebung verspielt (s. o. S. 72 f.)[21]

Seinen judenchristlichen Gemeinden zeigt der Evangelist Matthäus noch an einem dritten Beispiel, worin sich rechtes und falsches Verhalten voneinander unterscheiden. Auch in den Worten über das Fasten geht es um den Gegensatz von „öffentlich" und „verborgen". Wer die beiden Fastentage, die fromme Juden in jeder Woche einzuhalten pflegten, dazu benutzen will, lobende Anerkennung von den Leuten zu erhalten, der hat auch hier seinen Lohn dahin.[22]

Sowohl der Apostel Paulus wie auch die Evangelisten Matthäus und Lukas lassen erkennen, dass das Vaterunser in der frühesten Christenheit regelmäßig – sowohl im Gottesdienst wie auch im persönlichen Gebet des Einzelnen – gesprochen wurde. Ihrem Bekenntnis geben die Christen Ausdruck, indem sie der Weisung folgen, die ihnen ihr Herr für ihr Gebet gegeben hat.[23] Obwohl sich mit zunehmender Zeit die Wege von Kirche und Synagoge immer weiter voneinander entfernten, blieb die frühe Christenheit sich noch längere Zeit dessen bewusst, dass sie in ihren Gebeten Israel nahe stand und darum Israel nicht vergessen darf.

Von dieser Nähe sind nicht nur die Worte des Matthäusevangeliums, die in ihrer Weise das Gegenüber zur Synagoge thematisieren, sondern auch die Ausführungen erfüllt, wie sie zu Anfang des 2. Jahrhunderts n. Chr. die Apostellehre / Didache über das Vaterunser enthält. Auch hier findet sich eine kritische Gegenüberstellung zu den „Heuchlern", deren Brauch, am Montag und Donnerstag jeder Woche zu fasten, christliches Fasten am Mittwoch und Freitag entgegengestellt wird (Did. 8,1). Christen sollen nicht beten wie die Heuchler, sondern „wie es der Herr in seinem Evangelium geboten hat" (Did. 8,2). Und nun folgt der Text des Vaterunsers in einer Fassung, die weithin mit der des Matthäusevangeliums übereinstimmt. Dreimal am Tag sollen auch die Christen ihre Gebetszeiten einhalten und dann das ihnen vom Herrn gegebene Gebet sprechen (Did. 8,3). Auf die Ausführungen, die die Taufe betreffen (Did. 7,1 – 4), folgt die Belehrung über rechtes Beten. Dann aber wird beschrieben, wie die

Eucharistie gefeiert werden soll (Did. 9,1–10,8). Diese Anordnung kann die Vermutung nahe legen, dass sie eine liturgische Abfolge widerspiegelt. Der Täufling hatte nach eben vollzogener Taufe das Vaterunser zu sprechen und konnte nun an der Feier der Eucharistie teilnehmen.

Christen wissen das Gebet des Herrn im Aufblick zu Gott als dem himmlischen Vater zu sprechen.[24] Kein Tag vergeht ohne dieses Gebet. Kein Gottesdienst wird ohne das Vaterunser gehalten – zum Abschluss des großen Fürbittengebets, aber auch bei der Feier des Herrenmahls. In den Liturgien der Kirchen des Ostens wie des Westens wird das Herrengebet mit den Worten eingeleitet, Gott möge uns würdigen, dass wir es wagen dürfen, ihn als Vater anzurufen: Unser Vater.[25] In die Katechismen der verschiedenen Kirchen hat das Vaterunser Eingang gefunden[26], weil es zum elementaren Wissen um den rechten Glauben gehört.[27]

Im Gebet, das auf den Gott Abrahams, Isaaks und Jakobs vertraut, sind Juden und Christen einander nahe wie kaum anderswo, bedienen sie sich doch weithin derselben oder doch sehr ähnlicher Worte. In ihren Gebeten könnten daher die einen wie die anderen sich erneut ihrer aus der Geschichte überkommenen Verbundenheit bewusst werden und dadurch zu einem behutsamen Dialog finden, der nach einer langen leidvollen Vergangenheit neue Wege in der Zukunft eröffnen mag.

Anmerkungen

1 Vgl. Jeremias, Abba, 161.

2 Vgl. Tertullian, De oratione 1 (MPL 4, Sp. 1153).

3 Vgl. Cyprian, De Dominica Oratione 9 (MPL 4, Sp. 525).

4 Schon J. J. Wettstein, Novum Testamentum Graecum cum variis lectionibus et commentario, Amsterdam 1771, I, 323, hat vor mehr als zwei Jahrhunderten ein wenig übertreibend, doch grundsätzlich zutreffend gesagt: „Tota haec oratio ex formulis Hebraeorum concinnata est."

5 Zur Auseinandersetzung mit selten angestellten Überlegungen, ob das Vaterunser erst in der urchristlichen Gemeinde formuliert worden sein könnte, vgl. K.-H. Ostmeyer, Das Vaterunser: Gründe für seine Durchsetzung als ‚Urgebet' der Christenheit, in: NTS 50 (2004), 320–336.320f. Vgl. auch K. Haacker, Stammt das Vater-Unser nicht von Jesus?, in: Theol. Beiträge 27 (1996), 176–182.

6 Vgl. J. Schniewind, Das Evangelium nach Matthäus, [4]Göttingen 1950, 89.

7 Vgl. das seinerzeit herausfordernd wirkende, jedoch durchaus zutreffende Urteil von J. Wellhausen, Einleitung in die drei ersten Evangelien, Berlin 1911, 102: „Jesus war kein Christ, sondern Jude."

8 Vgl. E. Lohse, Das Vaterunser – im Licht seiner jüdischen Voraussetzungen, Tübingen 2008.

9 Das Vaterunser enthält in der Tat kein Wort, das nicht in der reichen Gebetsüberlieferung Israels gründet. Daher mag man erwägen, ob nicht auch Juden in dieses Gebet einstimmen könnten. Vgl. M. Brocke/J. J. Petuchowski und W. Strolz, Das Vaterunser, Gemeinsames Beten von Juden und Christen, Freiburg 1974; darin insbesondere: A. Vögtle, Das Vaterunser – ein Gebet für Juden und Christen? (165–195); sowie S. Ben-Chorin, Betendes Judentum, Tübingen 1980.

10 Lukas bringt gleichsam eine „Gebetsdidache". Vgl. H. Klein, Das Lukasevangelium, Göttingen 2006, 400.

11 Vgl. J. Jeremias, Die Gleichnisse Jesu, [11]Göttingen 1998, 158.

12 Vgl. Wolter, a. a. O., 414: „Hier wird also der besondere Akzent greifbar, mit dem Lukas die Gebetstradition Jesu versieht. Die Bitte, mit der die Jünger jederzeit und mit unbedingter Erfüllungsgewißheit vor Gott treten können, ist die Bitte um den heiligen Geist."

13 Vgl. N. Förster, Das gemeinschaftliche Gebet in der Sicht des Lukas, Biblical Tools and Studies 4, Leuven 2007, 252.

14 Vgl. Klein, a. a. O., 410: „Für Lk hat das Gebet gegenüber den anderen Evangelisten eine herausragende Bedeutung."

15 Vgl. Förster, a. a. O., 255: „Der gemeinsame Gebetstext, der auf einen bestimmten Lehrer als Urheber zurückgeführt wurde, … bildet somit ein Kennzeichen, das die Mitglieder der jeweiligen Gruppe verbinden konnte."

16 Vgl. Förster, a. a. O., 257.

17 Vgl. G. Strecker, Die Bergpredigt, Göttingen 1984, 101.

18 Vgl. U. Luz, Das Evangelium nach Matthäus I,1, Zürich/Neukirchen 1985, 321.

19 Almosen wurde im geläufigen Sprachgebrauch vielfach als „Gerechtigkeit" bezeichnet.

20 Die Kammer, von der in Mt. 6,6 gesprochen wird, ist die Vorratskammer im kleinen Haus, wie es im damaligen bescheidenen Bauernhaus vorgegeben war. Sie war der einzige verschließbare Raum. Vgl. Luz, a. a. O., 325.

21 Vgl. Luz, a. a. O., 353: „Der Evangelist hebt also dadurch gerade diejenige Stelle, wo im Unservater menschliches Handeln am direktesten einbezogen war, heraus."

22 Vgl. Luz, a. a. O., 328: „Der Text denkt nicht über die Problematik des Fastens an sich nach …, sondern setzt es als Ausdruck der Frömmigkeit einfach voraus, um daran die rechte Ausrichtung des Fastenden auf Gott allein einzuschärfen."

23 Vgl. P. Stuhlmacher, Biblische Theologie des Neuen Testaments I, Göttingen 1992 (=[2]1997), 88: „Jesus spricht von Gott wie Israel, und doch wird in sei-

ner Rede von Gott eine neue Dimension des Gottesverständnisses sichtbar, die des ‚Vaters'. Er darf verstanden werden als (lieber) Vater all derer, die Jesus annimmt (vgl. Lk. 15,2) und die seinem Umkehrruf folgen."

24 Der Bischof *Polykarp* spricht vor seinem Märtyrertod die Bitte des Vaterunsers: „Der Wille Gottes geschehe." (Mart. Pol. 7,1)

25 Vgl. Jeremias, NT Theologie I, 191.

26 Vgl. Luz, a. a. O., 338. Zur Bedeutung des Vaterunsers in der Geschichte der Kirche vgl. O. Dibelius, Das Vaterunser. Umrisse zu einer Geschichte des Gebets in der Alten und Mittleren Kirche, Gießen 1903.

27 Aus der weit ausgreifenden Wirkungsgeschichte des Vaterunsers, die sich in allen christlichen Kirchen und Konfessionen entfaltet hat, sollen in den folgenden Abschnitten einige herausragende Beispiele dargestellt werden, die die bleibende Bedeutung, die diesem Gebet für die weltweite Christenheit zukommt, veranschaulichen mögen.

Anhang: Zur Wirkungsgeschichte des Vaterunsers

1. Das Vaterunser in den Katechismen der Reformatoren

Die Reformatoren haben in theologischen Schriften und in Predigten, in der Unterweisung der Gemeinden und in ihrer persönlichen Lebensführung das Vaterunser ausgelegt und seine bestimmende Bedeutung hervorgehoben.[1] *Martin Luther* hat sich immer wieder über das Beten der Christen Gedanken gemacht und darüber in Wort und Schrift gesprochen. Von Mai bis Ende Dezember 1528 hat er den Wittenberger Stadtpfarrer *Johannes Bugenhagen* vertreten und eine ausführliche Predigtreihe über die Hauptstücke des Katechismus gehalten: Die zehn Gebote, das Glaubensbekenntnis, das Vaterunser, das Sakrament der Taufe sowie das des Abendmahls. Den Inhalt dieser Predigten hat er dann für einen Großen Katechismus ausgewertet und das fertige Buch im Frühjahr 1529 herausbringen können.

Mitten in diese Zeit fielen die ernüchternden Erfahrungen, die *Luther* und die Visitatoren mit dem Zustand der Gemeinden im kursächsischen Land hatten machen müssen. Diese Eindrücke veranlassten *Luther,* neben der Ausarbeitung des Großen Katechismus einen Kleinen Katechismus für die Gemeinden zu verfassen.

Die beiden Katechismen stehen daher zwar in einem sachlichen Zusammenhang, stellen aber zwei eigenständig gestaltete Werke dar, die nicht miteinander verklammert sind. Die zeitliche Abfolge, in der diese beiden Werke entstanden sind, legt es nahe, zuerst den Großen und dann den Kleinen Katechismus zu würdigen.[2]

Das Vaterunser bildet nach den zehn Geboten und dem Glaubensbekenntnis das dritte Hauptstück in der Komposition des Katechismus. *Luther* hat das Vaterunser wiederholt erklärt, am gründlichsten aber im Großen Katechismus vom Gebet des Herrn gehandelt.[3] In den einleitenden Worten, die der Erklärung des Vaterunsers vorangestellt sind, heißt es, unser Herr Christus habe selbst „Weise und Wort gelehrt, damit wir wüssten, wie wir beten sollen".[4] Sollen wir doch Gott anrufen in allen Nöten. Nicht unsere jeweilige Befindlichkeit und Neigung weckt rechtes Beten, sondern Gottes Weisung und Verheißung, denen Folge zu leisten ist. Darum legt uns Christus selbst die rechten Worte, die wir beten sollen, in den Mund und „ist auf Erden kein edler Gebete zu finden, weil es solch trefflich Zeugnis hat, dass Gott herzlich gern höret". Christen sollen daher wissen, „dass alle unser Schirm und Schutz allein in dem Gebete stehet". Daraus folgt die „Vermahnung", „dass man fur allen Dingen lerne das Gebete groß und teuer achten und ein rechten Unterscheid wisse zwischen dem Plappern und etwas Bitten".

Die Auslegung des Gebets wendet sich sogleich der ersten Bitte zu. Was die Anrede Gottes als Vater zum Inhalt hat, ist jedoch von *Luther* an anderer Stelle so beschrieben worden:[5] „Nun ist kein Name unter allen Namen, der mehr geschickt mache uns gegen Gott denn ‚Vater'. Das ist eine gar freundliche, süße, tiefe und herrliche Rede. Es wäre nicht so lieblich oder tröstlich, wenn wir sprächen ‚Herr' oder ‚Gott' oder ‚Richter'. Denn der Name ‚Vater' ist von Natur eingeboren und natürlich süss. Derhalben er auch Gott am allerbesten gefällt und uns zu hören ihn am allermeisten bewegt."[6]

Die erste Bitte will besagen: „Weil wir in diesem Gebet Gott unseren Vater heißen, so sind wir schuldig, dass wir uns allenthalben halten und stellen wie die frommen Kinder." Gottes Namen zu heiligen, „heißt so viel als auf unsere Weise ‚loben, preisen und ehren', beides mit Worten und Werken". Bitten wir sodann um das Kommen des Reiches, so ist das alles „nicht anders denn so viel gesagt: Lieber Vater, wir bitten, gib uns erstlich Dein Wort, dass das Evangelium rechtschaffen durch die Welt gepredigt werde, zum anderen, dass auch durch den Glauben angenommen werde, in uns wirke und lebe, dass also Dein Reich unter uns gehe durch das Wort und Kraft des heiligen Geistes." Die beiden ersten Bitten werden mithin ganz auf die rechte Verkündigung des Evangeliums bezogen und in der zuversichtlichen Erwartung gesprochen, dass diese Predigt auch Glauben und Gehorsam finden möge.

Auf denselben Klang ist auch die Erklärung der dritten Bitte gestimmt, die sich auf den Willen Gottes richtet: „Wo Gottes Wort gepredigt, angenommen und geglaubt wird und Frucht schafft, da soll das liebe heilige Kreuz auch nicht außen bleiben." Wie Christus sich in den Willen Gottes fügte und den Kelch des bitteren Leidens bis zur Neige trank, so sollen auch die Seinen bereit sein, das ihnen auferlegte Kreuz zu tragen und darin Gottes Willen Raum zu geben.

Kraftvollen Ausdruck erhält die Erklärung der vierten Bitte, indem das tägliche Brot auf alle Bereiche des Lebens bezogen wird. Unter dem täglichen Brot seien nicht nur „Backofen oder Mehlkasten" zu verstehen, „sondern ins weite Feld und ganze Land, so das tägliche Brot und allerlei Nahrung trägt und uns bringet". „Denn wo es Gott nicht wachsen ließe, segnete und auf dem Land erhielte, würden wir nimmer kein Brot aus dem Backofen nehmen noch auf den Tisch zu legen haben." Weit darüber hinaus ist in dieser Bitte mit eingeschlossen „alles, was zu diesem ganzen Leben in der Welt gehöret, weil wir allein um deswillen das tägliche Brot haben müssen". Das aber heißt: „Summa, alles, was beide häuslich und nachbarlich oder bürgerlich Wesen und Regiment belanget." „Denn ob wir gleich aller Güter von Gott die Fülle haben überkommen, so können wir doch desselben keins behalten noch sicher und fröhlich brauchen, wo er uns nicht ein beständig friedlich Regiment gäbe." Darum erstreckt sich unser Gebet auf alles, „was Essen und Trinken, Kleider, Haus und Hof und gesunden Leib" betrifft, außerdem, dass Gott „das Getreide und Früchte auf dem Feld wachsen und wohl geraten lasse, danach auch daheim wohl haushalten helfe, fromm Weib, Kinder und Gesind gebe und bewahre, unser Arbeit, Handwerk oder, was wir zu tun haben, gedeihen und gelingen lasse, treue Nachbarn und gute Freunde beschere etc., item Kaiser, König und alle Stände" und so fort – „dass er uns behüte fur allerlei Schaden des Leibs und Nahrung, Ungewitter, Hagel, Feuer, Wasser, Gift, Pestilenz, Viehsterben, Krieg und Blutvergießen, teuer Zeit, schädliche Tiere, bösen Leuten etc."

Indem uns diese Bitte nahe gelegt wird, „will uns Gott anzeigen, wie er sich alle unser Not annimmt und so treulich auch fur unser zeitliche Nahrung sorget". Denn Gott will, „dass wir darum bitten, auf dass wir erkennen, dass wir's von seiner Hand empfangen, und darinne sein väterliche Güte gegen uns spüren".

Die fünfte Bitte soll uns dessen gewiss machen, dass Gott „uns das Evangelion, darin eitel Vergebung ist, geschenket [hat], ehe wir darümb gebeten oder jemals danach gesunnen haben, es ist aber darümb zu tuen, dass wir solche Vergebung erkennen und annehmen". Die Beter werden sich dessen bewusst: „Wo er nicht ohn Unterlaß vergibt, so sind wir verloren." „Denn wir gegen Gott täglich viel verschulden und er uns doch aus Gnaden alles vergibt, also müssen auch wir unserm Nähisten immerdar vergeben, so uns Schaden, Gewalt und Unrecht tuet, böse Tücke beweiset etc." Wenn wir so beten, sollen wir uns seiner Verheißung erinnern und also denken: „Lieber Vater, darümb komme und bitte ich, dass Du mir vergebest, nicht dass ich mit Werken gnug tuen oder verdienen könne, sondern weil Du es verheißen hast und das Siegel daran gehängt, dass so gewiß sein solle, als habe ich ein Absolutio, von Dir selbst gesprochen."

Im Blick auf die mancherlei Versuchungen, denen die Beter ausgesetzt sind, sollen sie wissen: „Versuchung und Reizung kann niemand ümbgehen, weil wir im Fleisch leben und den Teufel ümb uns haben." „Aber da bitten wir fur, dass wir nicht hineinfallen und darin ersaufen." „Derhalben müssen wir Christen des gerüstet sein und täglich gewarten, dass wir ohn Unterlaß angefochten werden, auf dass niemand so sicher und unachtsam hingehe, als sei der Teufel weit von uns." Auch die letzte Bitte spricht davon, dass wir vor den listigen Angriffen des Teufels behütet werden mögen, „dass die ganze Summa alles Gebets gehe wider diesen unsern Häuptfeind". Am Ende soll das Amen voller Zuversicht gesprochen werden, „dass wir auch lernen AMEN dazu sagen, das ist: nicht zweifeln, dass es gewisslich erhöret sei und geschehe".

Parallel zu den Predigten über die Hauptstücke des Großen Katechismus hat *Martin Luther* seine knapp gefasste Erklärung des Vaterunsers im Kleinen Katechismus verfasst, „wie ein Hausvater dasselbige seinem Gesinde einfältigest furhalten soll".[7] Mit einem frohen Klang setzt die Auslegung ein, indem sie die Anrede „Vater unser im Himmel" so erläutert: „Gott will uns damit locken, dass wir glauben sollen, er sei unser rechter Vater und wir seine rechten Kinder, damit wir getrost und mit aller Zuversicht ihn bitten sollen wie die lieben Kinder ihren lieben Vater."

Die Erklärung der sieben Bitten ist jeweils auf knappe, präzis formulierte Sätze gebracht, die darauf zielen, dem Gedächtnis fest eingeprägt zu werden. Zunächst wird stets die Frage gestellt und beantwortet: „Was ist das?" Dann folgt des Öfteren eine zweite Frage, die auf Konkretion dringt: „Wie geschieht das?" Zuerst heißt es, Gottes Name sei zwar an sich selbst heilig, um dann zu sagen, warum wir gleichwohl darum bitten, dass Gottes Name geheiligt werde: „Aber wir bitten in diesem Gebet, dass er auch bei uns heilig werde." Wie geschieht diese Heiligung? Vor allem anderen dadurch, dass „das Wort Gottes lauter und rein gelehrt wird und wir auch heilig, als die Kinder Gottes danach leben". Und wie kann das Kommen des Reiches Gottes geschehen? Antwort: „Gottes Reich kommt auch ohne unser Gebet von selbst, aber wir bitten in diesem Gebet, dass es auch zu uns komme." Erneut legt *Luther* allen Nachdruck darauf, dass Gott weder unserer Bitten noch unseres frommen Tuns bedürfe, sondern „von selbst" das Heil heraufführe. Doch will er unser Gebet, damit wir den Vater als seine Kinder bitten, auf sein heiliges Wort hören und ihn dadurch ehren.

Was bedeutet Gottes guter, gnädiger Wille? Auch er geschieht ohne unser Gebet und unser Tun, „aber wir bitten in diesem Gebet, dass er auch bei uns geschehe". Und wie geschieht das? „Wenn Gott allen bösen Rat und Willen bricht und hindert, die uns den Namen Gottes nicht heiligen und sein Reich nicht kommen lassen wollen, wie der Teufel, die Welt und unsres Fleisches Wille; sondern stärkt und behält uns fest bis an unser Ende. Das ist sein guter, gnädiger Wille."

Auch im zweiten Teil des Gebets wird nach demselben Aufriss der Gedanken durch knappe Fragen und kurze Antworten vorgegangen. Zuerst wird die Bitte um das tägliche Brot erläutert: „Gott gibt das tägliche Brot auch ohne unsere Bitte allen bösen Menschen; aber wir bitten in diesem Gebet, dass er's uns erkennen lasse und wir mit Danksagung empfangen unser tägliches Brot." Ähnlich wie im Großen Katechismus wird auch hier das tägliche Brot auf alles bezogen, was unser irdisches Dasein angeht: „Alles, was not tut für Leib und Leben, wie Essen, Trinken, Kleider, Schuh, Haus, Hof, Acker, Vieh, Geld, Gut, fromme Eheleute, fromme Kinder, fromme Gehilfen, fromme und getreue Oberherren, gute Regierung, gut Wetter, Friede, Gesundheit, Zucht, Ehre, gute Freunde, getreue Nachbarn und desgleichen." Zu der Bitte um Vergebung unserer Schuld wird ausgeführt, „dass der Vater im Himmel nicht ansehen wolle unsere Sünden …, sondern er wolle es uns alles aus Gnaden geben, obwohl wir täglich viel sündigen und viel Strafe verdienen". Doch kann diese Bitte nicht ausgesprochen werden, ohne den Blick auch auf unser Verhältnis zum Nächsten zu richten: „So wollen wir wiederum auch herzlich vergeben und gerne wohl tun denen, die sich an uns versündigen."

Zur Versuchung wird erklärt, dass Gott zwar niemanden versucht, sondern Gott uns behüten und erhalten möge, „damit uns der Teufel, die Welt und unser Fleisch nicht betrüge und verführe in Mißglauben, Verzweiflung und andere große Schande und

Laster". Sondern Gott möge uns erlösen von dem Bösen. Hier versteht *Luther* mit der Tradition der westlichen Kirchen das Böse in neutrischer Bedeutung (s. o. S. 85–87): „Wir bitten in diesem Gebet, dass uns der Vater im Himmel vom Bösen und allem Übel an Leib und Seele, Gut und Ehre erlöse und zuletzt, wenn unser Stündlein kommt, ein seliges Ende beschere und mit Gnaden von diesem Jammertal zu sich nehme in den Himmel." So wird in *Luthers* Kleinem Katechismus die ganze Breite und Weite menschlichen Lebens im Licht des Vaterunsers betrachtet und mit einem abschließenden Amen bekräftigt: „Dass ich soll gewiß sein, solche Bitten sind dem Vater im Himmel angenehm und werden erhört. Denn er selbst hat uns geboten, so zu beten, und verheißen, dass er uns erhören will. Amen, Amen, das heißt: Ja, ja, so soll es geschehen."

Die beunruhigende Frage, ob man denn beten solle und wozu Gebete gut und nützlich sein mögen, wird abgetan, indem wiederholt darauf verwiesen wird: Gott will es so und hat uns darum im Vaterunser ein Modell vor Augen gerückt, an dem sich nach seinem Gebot alles Beten orientieren kann und soll. Wird so gesprochen, dann kann der Beter dessen gewiss sein, dass es Gott so haben will und darum Erhörung des rechten Gebets zugesagt hat. Darum dürfen die Beter froh und gewiss sein und im Bedenken der sieben Bitten des Vaterunsers zuversichtlich darauf vertrauen, von Gott erhört zu werden und als die rechten Kinder des himmlischen Vaters ihr Leben gestalten zu können.

Luther hat des Öfteren auch für einzelne Christen das Vaterunser ausgelegt. Als er von einem Freund in Wittenberg, Meister Peter Beskendorf, gebeten wurde, ihm eine rechte Anleitung zum Beten zu geben, hat *Luther* 1535 eine kleine Schrift verfasst mit dem Titel „Eine einfältige Weise zu beten – für einen guten Freund".[8] Diese sehr persönlich gehaltene Erklärung des Vaterunsers sowie der zehn Gebote wird als eine Freundesgabe dem als Barbier tätigen Freund zugeeignet. Dabei wird sie von *Luther* gegeben – wie er sagt – „so gut, wie ich's habe und wie ich selber mich beim Beten verhalte. Unser Herr Gott gebe es euch und jedermann, es besser zu machen."[9] Zu Beginn stellt *Luther* dar, wie er selbst es mit dem Beten hält: „Wenn ich fühle, dass ich durch fremde Geschäfte oder Gedanken kalt und ohne Lust zu beten geworden bin ..., nehme ich mein Psälterlein, laufe in die Kammer oder, wenn's der Tag und die Zeit ist, in die Kirche zu den Leuten und fange an, die zehn Gebote, das Glaubensbekenntnis und, je nachdem wie ich Zeit habe, etliche Sprüche, des Paulus oder der Psalmen mündlich für mich selbst zu sprechen, ganz und gar wie die Kinder tun."

Aus eigener Erfahrung gibt *Luther* den Rat, es sei gut, „dass man das Gebet morgens früh das erste und abends das letzte Wort sein lasse". Und dann mag man so anheben: „Ach, himmlischer Vater, du lieber Gott, ich bin ein unwürdiger, armer Sünder, nicht wert, dass ich meine Augen und Hände zu dir erhebe oder bete." Doch darf der Beter voller Zuversicht sprechen, weil er im Namen des Herrn Jesus Christus betet „mit allen deinen heiligen Christen auf Erden, wie der mich gelehrt hat: ‚Vater unser, der du bist' usw., ganz aus, von Wort zu Wort". „Danach wiederhole ein Stück und so viele, wie du willst, nämlich": Mit der ersten Bitte wird begonnen: „Ach ja, Herr Gott lieber Vater, heilige doch deinen Namen sowohl in uns selbst als auch in aller Welt." Zur zweiten Bitte sei dann gesprochen: „Ach, lieber Herr Gott Vater, du siehst, wie der Welt Weisheit und Vernunft nicht allein deinen Namen schändet und die dir zukommende Ehre der Lüge und dem Teufel erweist, sondern alle ihre Gewalt, Macht, Reichtum und Ehre, die du ihnen auf Erden gegeben hast, um weltlich zu regieren und dir damit zu dienen, gegen dein Reich setzt und strebt." Dagegen aber wird gestellt: „Bekehre die, die noch sollen Kinder und Glieder deines Reiches werden, so dass sie mit uns und wir mit ihnen dir in deinem Reich in rechtem Glauben und wahrhaftiger Liebe dienen und aus diesem angefangenen Reich in das ewige Reich kommen."

Auch zur dritten Bitte wird damit begonnen, das allseitige Versagen gegenüber dem Willen Gottes zu bekennen und auszusprechen: „Ach, lieber Herr Gott Vater, du weißt, wie die Welt ist.

Wenn sie auch nicht deinen Namen ganz zunichte machen und dein Reich ganz vertilgen kann, so gehen sie doch Tag und Nacht mit bösen Tücken und Stücken um." Darum aber wird zu Gott gerufen: „Bekehre die, die deinen guten Willen noch erkennen sollen, so dass sie mit uns und wir mit ihnen deinem Willen gehorsam sind und darüber hinaus alles Übel, Kreuz und Widerwärtigkeit gern, geduldig und fröhlich ertragen und deinen gütigen, gnädigen, vollkommenen Willen darin erkennen, erproben und erfahren."

Das tägliche Brot, um das die vierte Bitte zu Gott ruft, wird wiederum in umfassendem Sinn verstanden: „Ach, lieber Herr Gott Vater, gib auch deinen Segen in diesem zeitlichen, leiblichen Leben, gib uns gnädig den lieben Frieden, behüte uns vor Krieg und Unfrieden. Gib unserm lieben Herrn Kaiser Glück und Heil gegen seine Feinde, gib ihm Weisheit und Verstand, so dass er sein irdisches Reich ruhig und glückselig regiere." Und weiter: „Gib gnädiges Wetter und Früchte der Erde. Ich befehle dir auch Haus, Hof, Frau und Kind an; hilf, dass ich sie gut regiere und christlich ernähren und erziehen möge."

Zur Bitte um Vergebung der Schuld heißt es: „Ach, lieber Herr Gott Vater, gehe nicht mit uns ins Gericht, denn vor dir ist kein lebendiger Mensch gerecht. Ach, rechne uns auch nicht als Sünde an, dass wir leider so undankbar sind für all deine unaussprechliche Wohltat, geistlich und leiblich." Gott möge uns nicht in Versuchung führen, wird so ausgelegt: „Ach, lieber Herr Gott Vater, erhalte uns wacker und frisch, eifrig und fleißig in deinem Wort und Dienst, so dass wir nicht sicher, faul und träge werden, als ob wir's nun alles hätten, damit uns der grimmige Teufel nicht erschleiche und überfalle, uns nicht wieder dein liebes Wort nehme oder Zwietracht und Rotten unter uns anrichte oder sonst in Sünde und Schande führt, in beiderlei Weise, geistlich und leiblich."

Und schließlich die letzte Bitte: Auch sie wird mit der gleichlautenden Anrede eingeleitet: „Ach, lieber Herr Gott Vater", um dann fortzufahren: „Es ist doch dieses elende Leben so voll Jammer und Unglück, so voll Gefahr und Unsicherheit, so voll von Untreue und Bosheit ..., dass wir mit Recht des Lebens müde und des Todes begierig sein sollten. Aber du, lieber Vater, kennst unsere Schwachheit. Darum hilf uns durch solch mannigfaltige Übel und Bosheit hindurch sicher fahren."

Zuletzt aber wird betont, „dass du das Amen stets stark machen und nicht zweifeln darfst, Gott höre dir gewiß zu mit aller Gnade und sage ja zu deinem Gebet. Und denke ja, dass du nicht allein kniest und stehst, sondern dass die ganze Christenheit oder alle rechtschaffenen Christen bei dir sind und du unter ihnen in einmütigem, einträchtigem Gebet, welches Gott nicht verachten kann." Damit aber hat *Luther* zur Erklärung rechten Betens das Seine getan, will er doch „das Herz damit angereizt und unterrichtet haben, was es für Gedanken im Vaterunser fassen soll". So ist – wie *Luther* noch einmal zum Schluss betont – „kurz vom Vaterunser oder vom Gebet gesagt, wie ich selbst zu beten pflege. Denn noch heute sauge ich am Vaterunser wie ein Kind, trinke und esse von ihm wie ein alter Mensch, kann seiner nicht satt werden; und es ist mir auch über den Psalter hinaus (den ich doch sehr lieb habe) das allerbeste Gebet."[10]

Zu den mancherlei Liedern, die *Luther* für den Gottesdienste der Gemeinden verfasst und mit Melodien versehen hatte, fügte er auch eine gereimte Fassung des Vaterunsers hinzu, die in zeitlicher Nähe zur eben dargestellten Auslegung des Gebetes für einen guten Freund 1534 oder 1535 entstanden ist.[11] Jeder der sieben Bitten ist ein ganzer Liedvers gewidmet. Die erste Strophe stellt eine Auslegung der Anrede Gottes als „Vater unser" voran, und am Ende steht eine Amen-Strophe als Abschluss des ganzen Liedes.

Gott ist der barmherzige Vater, „der du uns alle heißest gleich Brüder sein und dich rufen an und willst das Beten von uns han: gib, dass nicht bet allein der Mund, hilf, dass es geh von Herzensgrund." Um die Heiligung des göttlichen Namens geht es in der ersten Bitte: Gottes Wort möge bei uns rein erhalten bleiben. Darum: „Behüt uns, Herr, vor falscher Lehr, das arm verführet Volk bekehr." Dass Gottes Reich kommen möge, bedeutet vor allem, dass der Heilige Geist bei uns wohnen und Gott des Satans Zorn und große Gewalt zerbrechen und vor ihm seine Kirche erhalten möge. Gottes Wille möge auf Erden wie im Himmelreich geschehen, darum die Bitte: „Wehr und steu'r allem Fleisch und Blut, das wider deinen Willen tut."

Das tägliche Brot ist uns nötig wie Gottes barmherzige Vergebung: „Gib uns heut unser täglich Brot und was man b'darf zur Leibesnot; behüt uns, Herr, vor Unfried, Streit, vor Seuchen und vor teurer Zeit, dass wir in gutem Frieden stehn, der Sorg und Geizens müßig gehen." „All unsre Schuld, vergib uns, Herr, dass sie uns nicht betrübe mehr, wie wir auch unsern Schuldigern ihr Schuld und Fehl vergeben gern." Und schließlich: „Führ uns, Herr, in Versuchung nicht, wenn uns der böse Geist anficht", sowie: „Von allem Übel uns erlös; es sind die Zeit und Tage bös. Erlös uns vom ewigen Tod und tröst uns in der letzten Not. Bescher uns auch ein seligs End, nimm unsre Seel in deine Händ." Das Gebet wird mit „Amen" abgeschlossen, in dem noch einmal die getroste Zuversicht zum Ausdruck gelangt, Gott werde dieses Gebet gewiss erhören und seine Verheißungen wahr machen.

Wie *Luther* nimmt auch *Johannes Calvin* den einzelnen Christen in die feste Gemeinschaft des Gebets hinein, das das Gottesvolk auf seiner Wanderung durch die Zeit spricht. Die mündige Gemeinde verbindet sich im Gebet mit Gott und ruft zu ihm, er möge uns alle danach trachten lassen, „einer dem anderen zu dienen und in gegenseitiger Hilfeleistung brüderliche Liebe zu pflegen, damit man sehen kann, dass du wirklich bei uns der Herr bist".[12] Worauf sich das Warten und Hoffen der glaubenden Gemeinde richtet, sagt das Gebet des Vaterunsers. Dabei zielen die ersten drei Bitten auf die Ehre Gottes, die allem anderen voranzustehen hat; die folgenden Bitten aber richten sich auf das Wohl des Menschen.[13] So ist die Gegenwart voller Verheißung, die sich der Zukunft entgegenstreckt und der Erlösung gewiss macht.

Die von Zürich und Genf ausgehende Reformation hat verschiedene Entwürfe zu evangelischen Katechismen vorgelegt. So hat *Zwingli* 1522 in Zürich einen Katechismus herausgebracht, der vor allem im Unterricht der Jugend verwendet werden sollte. *Calvin* verfasste 1542 den Genfer Katechismus, und 1554 erschien der Emdener Katechismus.

Vor allem aber ging nachhaltige Wirkung vom Heidelberger Katechismus aus, der 1563 erschien. Durch Weisung des Kurfürsten *Friedrich III* aufgefordert, verfasste *Zacharias Ursinus* diesen Katechismus, in dem die einzelnen Hauptstücke jeweils durch einander gegenübergestellte Fragen und Antworten erklärt werden. Diesen Katechismus machten sich Pfarrer und Gemeinden in der Pfalz zueigen. Schon bald aber breitete sich die ihm zuteil werdende Anerkennung weit über die Grenzen seines pfälzischen Heimatlandes aus – bis nach Ungarn, Siebenbürgen und Polen. Bis heute steht weltweit der Heidelberger Katechismus in evangelisch-reformierten Gemeinden in Übung und hat in Auszügen auch in die neueste Fassung des Evangelischen Gesangbuches Aufnahme gefunden. Die Fragen 116 – 129 handeln vom Gebet und legen das Vaterunser aus.[14]

Die Unterweisung vom rechten Beten setzt mit der Frage ein: „Warum ist dem Christen das Gebet nötig?“ Die Antwort lautet: „Weil es das vornehmste Stück der Dankbarkeit ist, welche Gott von uns fordert, und weil Gott seine Gnade und Heiligen Geist allein denen will geben, die ihn mit herzlichen Seufzern ohne Unterlaß darum bitten und ihm dafür danken.“ (116) Gott hat das Beten geboten, „dass wir festen Grund haben, dass er unser Gebet, ob wir auch dessen unwürdig sind, doch um des Herrn Christi willen gewisslich wolle erhören, wie er uns in seinem Wort verheißen hat“ (117).

Gottes Gebot fordert uns auf, von ihm zu erbitten „alle geistliche und leibliche Notdurft, welche der Herr Christus einbegriffen hat in dem Gebet, das er uns selber lehrt“ (118). Nach dieser Einleitung entfaltet der Katechismus die Auslegung der sieben Bitten in Gegenüberstellung von Frage und Antwort. „Warum hat uns Christus befohlen, Gott anzureden Unser Vater?“ Antwort: Gleich im Anfang des Gebets soll unsere Zuversicht gestärkt werden, „dass Gott unser Vater durch Christus geworden ist und uns viel weniger versagen will, worum wir ihn im Glauben bitten, als unsere Väter uns irdische Dinge abschlagen" (120).

Was ist die erste Bitte? Antwort: dass wir Gott recht erkennen, „dass wir unser ganzes Leben, Gedanken, Worte und Werke dahin richten, dass dein Name um unseretwillen nicht gelästert, sondern geehrt und gepriesen werde" (122). Die zweite Bitte richtet sich darauf, dass wir unser Leben durch Gottes Wort und Geist führen mögen. Darum rufen die Beter zu Gott, dass er „erhalte und mehre deine Kirche und zerstöre die Werke des Teufels und alle Gewalt, die sich wider dich erhebt, und alle bösen Ratschläge, die wider dein heiliges Wort erdacht werden, bis die Vollkommenheit deines Reiches herzukommt, darin du wirst alles in allen sein" (123). Die dritte Bitte zielt darauf, „dass wir und alle Menschen unserem eigenen Willen absagen und deinem allein guten Willen ohne alles Widersprechen gehorchen, dass also jedermann sein Amt und Beruf so willig und treulich ausrichte wie die Engel im Himmel" (124).

Die vierte Bitte fasst das „tägliche Brot" in ähnlich umfassendem Sinn wie der Katechismus *Martin Luthers*: „Unser täglich Brot gib uns heute, das ist: Wollest uns mit aller leiblichen Notdurft versorgen, auf dass wir dadurch erkennen, dass du der einzige Ursprung alles Guten bist und dass ohne deinen Segen weder unsere Sorgen und Arbeit, noch deine Gaben uns gedeihen." (125) Zur Bitte um Gottes barmherzige Vergebung wird gesagt: „Wollest uns armen Sündern alle unsere Missetat, auch das Böse, das uns noch immerdar anhängt, um des Blutes Christi willen nicht zurechnen, wie wir auch das Zeugnis deiner Gnade in uns finden, dass unser ganzer Vorsatz ist, unserm Nächsten von Herzen zu verzeihen." (126)

Dass Gott uns nicht in Versuchung führen, sondern von dem Bösen erlösen möge, wird im Blick auf den geistlichen Kampf, wie ein Christ ihn auszufechten hat, so ausgelegt: „Weil wir aus uns selbst so schwach sind, dass wir nicht einen Augenblick bestehen können, und dazu unsere abgesagten Feinde, der Teufel, die Welt und unser eigen Fleisch, nicht aufhören, uns anzufechten, so wollest du uns erhalten und stärken durch die Kraft deines Heiligen Geistes, auf dass wir ihnen mögen festen Widerstand tun und in diesem geistlichen Streit nicht unterliegen, bis wir endlich den Sieg vollkömmlich behalten." (127)

Beendet wird das Gebet mit einem kraftvollen „Amen": „Amen heißt: Das soll wahr und gewiß sein; denn mein Gebet ist viel gewisser von Gott erhört, als ich in meinem Herzen fühle, dass ich solches von ihm begehre." (129)

Damit münden die Katechismen der Reformatoren übereinstimmend in die Versicherung, dass durch unser schwaches Gebet gleichwohl Gottes heiliger Name „ewig gepriesen werden soll" (128).

Anmerkungen

1 Zur Formulierung der Überschrift und ihrer inhaltlichen Bedeutung vgl. K. Barth, Das Vaterunser nach den Katechismen der Reformation, Zürich 1965.

2 Zu den beiden Katechismen wird die Ausgabe der „Bekenntnisschriften der evangelisch-lutherischen Kirche", Göttingen 1930 ([12]1998) zugrunde gelegt.

3 Vgl. BSLK 662, Anm. 1 mit Nachweis der einschlägigen Texte in der Weimarer Lutherausgabe.

4 Der Text des Großen Katechismus steht in der in Anm. 2 genannten Ausgabe im zweiten Band auf den Seiten 543–733, die Auslegung des Vaterunsers findet sich darin auf den Seiten 662–690. Die im Folgenden angeführten wörtlichen Zitate sind dieser Ausgabe entnommen und werden daher nicht mehr im Einzelnen nachgewiesen.

5 Zitate deutscher Sätze aus den Schriften Luthers werden unter genauer Beachtung der Wortfolge heutigem Sprachgebrauch angepasst, um die Verständlichkeit zu erleichtern.

6 WA II, 83, 14–22. Vgl. V. Leppin, Luther privat, Sohn, Vater, Ehemann, Darmstadt 2006, 7.

7 Zum Text vgl. BSLK, 512–515. Die oben angeführten Zitate folgen der revidierten Textfassung, wie sie in den Gesangbüchern der evangelischen Kirche zu finden ist.

8 Der Text findet sich WA XXXVIII, 338–375, sowie in der von K. Bornkamm und G. Ebeling herausgegebenen Ausgabe Ausgewählter Schriften Martin Luthers, Frankfurt M. 1982, II, 268–292. Die von P. Bühler besorgte Textfassung wird den folgenden Zitaten zugrunde gelegt.

9 Vgl. M. Brecht, Martin Luther III, Stuttgart 1987, 25f.

10 Zur Bestimmung des Vaterunsers als Grundmuster für alles rechte Beten vgl. M. Brecht, Martin Luther I, Stuttgart 1981, 333f.; II, Stuttgart 1986, 123.

11 Der Text des Liedes wird im Folgenden in der Fassung zitiert, die sich im Evangelischen Gesangbuch unter der Nr. 344 findet.

12 Zur Bedeutung des Gebets bei Calvin vgl. E. Busch, Gotteserkenntnis und Menschlichkeit. Einsichten in die Theologie Johannes Calvins, Zürich 2005, 53–66.57f.

13 Vgl. Busch, a.a.O., 63.

14 Der Text wird im Folgenden nach der Jubiläumsausgabe zitiert, die 1971 in neuer Bearbeitung vorgelegt wurde: Der Heidelberger Katechismus, Lemgo 1971.

2. Die ökumenische Bedeutung des Vaterunsers

Die von den Reformatoren verfassten Katechismen übten breite Wirkung aus, die nicht nur in evangelischen Kirchen und Gemeinden neue Besinnung auf die Hauptstücke christlichen Glaubens auslöste, sondern auch die Altgläubigen veranlasste, ihrerseits darzulegen, wie sie rechte Unterweisung der Christen verstehen und ausüben sollten. Auf dem Konzil, das in Trient zusammentrat, wurde darüber verhandelt, welche Reformen in der römisch-katholischen Kirche notwendig vorzunehmen seien und in welcher Gestalt kirchliche Unterweisung in den Gemeinden erfolgen sollte. Ein auf Veranlassung des Konzils geschriebener „Catechismus ex decreto Concilii Tridentini ad parochos" fand weite Verbreitung und wurde in allgemeinen kirchlichen Gebrauch genommen.

Wie vom Tridentiner Konzil starke reformerische Anstöße ausgingen, so wurden auch durch das Zweite Vatikanische Konzil kräftige Anregungen zu erneuerter Gestalt kirchlichen Glaubens und Lebens wirksam. Aus der Vielzahl der Texte, die die Abfassung neuer Katechismen bestimmen, heben sich einige Dokumente besonders hervor, die von der bleibenden Bedeutung des Vaterunsers handeln.

Unter den neueren Katechismen römisch-katholischen Ursprungs hat der in den Niederlanden abgefasste und einer großen Öffentlichkeit vorgelegte „Holländische Katechismus" durch seine in bewusster ökumenischer Verantwortung gestalteten Aussagen weitreichende Wirkung gewinnen können.[1] Darin heißt es zum Vaterunser: dieses Gebet vereinige „in seiner Einfachheit die gewaltige Ankunft Gottes und das Allermenschlichste und Alltäglichste zu einer Harmonie. Es ist zu kurz und zu reich, als dass es schnell gebetet werden dürfte. Der Katholik kann auch hier von der Reformation lernen." (169)[2] An diese Charakterisierung wird als Konsequenz, die jeder Christ bedenken und ziehen sollte, der Hinweis auf das Schriftwort Mt. 6,14–15 angeschlossen: „Wenn ihr nämlich den Menschen ihre Verfehlungen vergebt, wird auch euch euer himmlischer Vater vergeben. Wenn ihr aber den Menschen nicht vergebt, so wird euer Vater auch eure Verfehlungen nicht vergeben."[3]

Der von der (römisch-katholischen) Deutschen Bischofskonferenz herausgegebene Katholische Erwachsenen-Katechismus[4] betont, dass das Gebet „der wichtigste und wesentlichste Ausdruck des Glaubens an Gott" sei; „es ist verantworteter Glaube, sozusagen der Ernstfall des Glaubens".[5] Diese grundsätzliche Bestimmung wird konkretisiert mit Hinweis auf das Gebet des Herrn: „Zum Vater beten wir als seine Söhne und Töchter, ihm gilt unser Lob und Dank, unsere Bitte um Vergebung und um alles, was im weitesten Sinn des Wortes in den Bereich des ‚täglichen Brotes' gehört."[6]

Der im Jahr 1993 vorgelegte „Katechismus der Katholischen Kirche"[7] nimmt – wie Papst Johannes Paul II. einleitend hervorhebt – Impulse des Zweiten Vatikanischen Konzils auf und soll dazu dienen, „sozusagen als Bezugspunkt für die Katechismen und Kompendien in den verschiedenen Regionen" zur Geltung zu gelangen. Daher müsse die Darlegung „biblisch und liturgisch gehalten sein, die rechte Lehre bieten und zugleich dem heutigen Leben angepasst sein".[8] Dieser Katechismus, dem weltweite Geltung beigemessen wird, umfasst vier Hauptteile: das Credo; die heilige Liturgie mit den Sakramenten; das christliche Handeln, das von den Geboten ausgehend dargelegt wird; und zuletzt das christliche Gebet.[9] Dieser Katechismus wurde an die Stelle des alten Catechismus Romanus gesetzt, der einst als Frucht des Konzils von Trient im Jahr 1566 richtungsweisende Orientierung für die in Gang gesetzte Reform der römisch-katholischen Kirche hatte geben sollen. Die Ausführungen wenden sich in erster Hinsicht an die Bischöfe in allen Teilen der Welt, weil sie die Erklärungen des römischen Lehramts in die Praxis der jeweiligen Regionen umzusetzen haben. Auf diese Weise soll der katholischen Christenheit in aller Welt dargelegt werden, was Rom als amtliche Lehre verlautbart. So ist dieser Katechismus ganz auf katholische Selbstvergewisserung gerichtet. Was das Zweite Vatikanische Konzil an Zuwendung zur modernen Welt und zu ökumenischem Aufbruch zu vollziehen suchte, wird fest in die bestimmende Tradition eingebunden und der leitenden Kraft des römischen Lehramts unterstellt. Die Lehraussagen des Katechismus sollen zur klaren Abgrenzung von allen Gefahren dienen, die aus der Welt auf die Kirche eindringen.

Vom Gebet des Herrn wird im vierten Teil zum Abschluss der Ausführungen über christliches Beten gehandelt.[10] Mit dem Kirchenvater *Tertullian* wird das Vaterunser als „die Zusammenfassung des ganzen Evangeliums" bezeichnet (2761). Das Gebet des Herrn ist nach *Thomas von Aquin* das vollkommenste Gebet. Wird doch in ihm nicht nur um alles gebeten, „wonach wir in richtiger Weise verlangen können, sondern auch in derjenigen Reihenfolge, in der wir danach verlangen sollen" (2763). Das von Jesus stammende Gebet ist „wahrhaftig einzigartig; es ist ‚vom Herrn'" (2765). In diesem Gebet der Kirche „offenbart sich sein voller Sinn und seine Wirkkraft" (2780). Voll Vertrauen dürfen wir es wagen, uns im Gebet dem Vater im Himmel zu nähern (2779). „Wir können Gott als ‚Vater' anrufen, weil sein menschgewordener Sohn ihn uns geoffenbart hat." (2790) Und „wenn wir zum Vater beten, sind wir in Gemeinschaft mit ihm und mit seinem Sohn Jesus Christus" (2781). „Wenn wir Vater ‚unser' beten, wenden wir uns persönlich an den Vater unseres Herrn Jesus Christus." (2789) Zugleich aber gilt: „Jeder Getaufte, der Vater ‚unser' betet, betet in" der Gemeinschaft der Gläubigen (2790).

„Deshalb" – so wird der ökumenische Rang des Vaterunsers betont – „bleibt trotz der Trennungen unter den Christen das Gebet zu ‚unserem' Vater das Gemeingut aller Getauften und ein dringlicher Aufruf an sie. Durch den gemeinsamen Glauben an Christus und durch die Taufe verbunden, sollen sie mit Jesus für die Einheit seiner Jünger beten." (2791)

Die Auslegung der sieben Bitten wird durch ein grundsätzliches Wort eingeleitet: „Durch die drei ersten Bitten werden wir im Glauben gestärkt, von Hoffnung erfüllt und durch die Liebe entflammt." (2806) Das Gebet wird von Glaube, Liebe und Hoffnung getragen und hebt darum mit der Bitte um die Heiligung des göttlichen Namens an. Die erste Bitte enthält gleichsam schon alle anderen und „wird durch das Gebet Christi erhört" (2815). In der zweiten Bitte geht es dann „der Kirche vor allem um die Wiederkunft Christi und um das endgültige Kommen des Reiches Gottes. Sie betet auch um das Wachstum des Reiches Gottes im Heute unseres Lebens" (2859). Rufen wir zu Gott, sein Wille möge geschehen wie im Himmel so auf Erden, so bitten wir „unseren Vater, unseren Willen mit dem seines Sohnes zu vereinen, damit wir seinen Willen, den Ratschluß des Heiles für das Leben der Welt, erfüllen" (2825).

Die Bitte um das tägliche Brot wird in der Gewissheit gesprochen, es sei unmöglich, „dass der Vater, der uns das Leben gibt, uns nicht auch die zum Leben notwendige Nahrung, alle angemessenen materiellen und geistigen Güter gibt" (2830). Zugleich aber sollen die Beter sich dessen bewusst sein, dass es Menschen gibt, die hungern, „weil sie kein Brot haben". Dieses Bewusstsein schließt die Verpflichtung ein: „Der Hunger in der Welt ruft die Christen, die in Wahrhaftigkeit beten wollen, auf, die Verantwortung ihren Brüdern gegenüber wirksam wahrzunehmen." (2831) Auch die Bitte um Vergebung unserer Schuld ist mit einer unabweisbaren Aufgabe der Christen verbunden: „Wir können Gott, den wir nicht sehen, nicht lieben, wenn wir den Bruder und die Schwester, die wir sehen, nicht lieben. Wenn wir uns weigern, den Brüdern und Schwestern zu vergeben, verschließt sich unser

Herz und seine Härte wird undurchdringbar für die barmherzige Liebe des Vaters. Im Bekennen unserer Sünde aber öffnet sich unser Herz seiner Gnade." (2840) „Das christliche Gebet geht so weit, den Feinden zu vergeben ... Die Vergebung ist ein Höhepunkt des christlichen Betens. Deshalb kann nur ein Herz, das mit dem göttlichen Mitleid übereinstimmt, die Gabe des Gebetes in sich aufnehmen. Die Vergebung bezeugt auch, dass in unserer Welt die Liebe stärker ist als die Sünde." (2844)

Wird der himmlische Vater gebeten, uns nicht in Versuchung zu führen, so erkennen die Beter, dass wir „im Kampf ‚zwischen dem Fleisch und dem Geist'" stehen (2846). Unsere Bitte zu Gott spricht aus, er möge nicht zulassen, „dass wir den Weg einschlagen, der zur Sünde führt. Diese Bitte fleht um den Geist der Unterscheidung und der Kraft; sie bittet um die Gnade, wachsam zu bleiben und bis zum Ende auszuharren." (2863) Der Christ betet mit der Kirche zu Gott, „er möge den durch Christus schon errungenen Sieg über den ‚Herrscher der Welt', über Satan, zutage treten lassen. Satan ist der Engel, der sich Gott und dessen Ratschluß des Heiles persönlich widersetzt." (2864) Und am Ende sprechen wir durch das ‚Amen' „zu den sieben Bitten unser ‚Fiat': ‚So sei es!'" (2865)

Werden in jedem Gottesdienst die sieben Bitten des Vaterunsers in übereinstimmendem Wortlaut in allen Kirchen und Konfessionen gesprochen, so haben auch die Lehrer der Kirche sich immer wieder Gedanken darüber gemacht, wie der unvergleichliche Rang des Herrengebets angemessen beschrieben und dargelegt werden kann.

Karl Barth handelt in seiner Kirchlichen Dogmatik in der Lehre von der Schöpfung ausführlich über das Gebet der Christen und das rechte Verständnis des Vaterunsers.[11] Neben all unserem Tun sollen die Beter es nicht unterlassen, „sich Gott zuzuwenden, stracks auf ihn zuzugehen".[12] Sprechen sie das Vaterunser, so nehmen sie die Worte auf, die ihr Herr ihnen vorgesprochen hat. Das heißt aber: „Er, Jesus Christus ist der eigentliche und wirkliche

Beter."[13] Sagen wir „Unser Vater", so ist die Feststellung nicht unwichtig, „dass diese erste Person Pluralis in den ersten drei Bitten des Unser Vaters unsichtbar wird, um nachher in den drei letzten, in verschiedenen Wendungen nicht weniger als achtmal wieder auftauchen".[14] „Die drei letzten Bitten des Unser Vaters sind die Umkehrung und Konsequenz der drei ersten: Die ‚Wir' treten jetzt in den Vordergrund. Weil und indem sie eingeladen und aufgefordert sind, sich bittend für die Sache Gottes zu interessieren, aktiv an ihr teilzunehmen, darum auch dazu: Gott zu bitten, sich seinerseits für ihre Sache zu interessieren, ihn um seine aktive Teilnahme an ihr anzugehen. Will Gott als der Schöpfer nicht Gott sein ohne den Menschen, so kann der Mensch als Geschöpf nicht Mensch sein ohne Gott."[15]

Rechtes Gebet wird als Bitte zu Gott gesprochen. „Eine Bitte, und selbst eine Reihe von Bitten, wenn diese dem Menschen wirklich am Herzen liegen, ist bald ausgesprochen. Das rechte Gebet darf und muß also wahrscheinlich eher kurz als lang sein. Es geht ja von der Gewißheit der Erhörung aus … Es hat also keinen Grund, sich in Form von Meditationen oder in Form von theologischen oder gar rhetorischen Umständlichkeiten in die Länge zu ziehen."[16] Festgelegte Regeln oder gar die Rede von einer Gebetspflicht werden dem Gebet nicht gerecht. Darum: „Immer wieder heraus aus jedem Mechanismus in die Freiheit eines rechten, weil freien und also aufrichtigen Bittens!"[17]

In dem umfangreichen gelehrten Werk des römisch-katholischen Theologen *Karl Rahner SJ* wird immer wieder mit schlichten Worten die grundlegende Bedeutung des Gebets für das Leben eines jeden Christen aufgezeigt. In seiner Schrift „Von der Not und dem Segen des Gebets" sagt er es so: In der Bedrängnis, die niemandem im Lauf seines Lebens erspart bleibt, mag man „dann leise anfangen zu sprechen: Vater unser, der Du bist im Himmel meines Herzens, wenn es auch eine Hölle zu sein scheint; geheiligt werde Dein Name, er werde angerufen in der tödlichen Stille meines ratlosen Verstummens; zu uns komme Dein Reich, wenn alles uns verlässt; Dein Wille geschehe, auch wenn er uns tötet, weil er das Leben ist und, was auf Erden wie ein Untergang aussieht, im Himmel der Anfang Deines Lebens ist; gib uns heute unser tägliches Brot, lass uns auch darum bitten, damit wir uns nie mit Dir verwechseln, selbst nicht in der Stunde, da Du uns nahe bist, sondern wenigstens an unserem Hunger merken, dass wir arme und unwichtige Geschöpfe sind; befreie uns von unserer Schuld und behüte uns in der Versuchung von der Schuld und Anfechtung, die eigentlich nur eine ist: Nicht zu glauben an Dich und an die Unbegreiflichkeit Deiner Liebe; sondern erlöse uns – erlöse uns von uns selbst, erlöse uns in Dich hinein, erlöse uns in Deine Freiheit und in Dein Leben –, wenn wir so ähnlich anfingen –, mit viel weniger Worten und mit viel mehr Herz zu sprechen zu Gott, ich glaube doch, unser Herz hätte sich geöffnet und wir hätten ein Wort des Gebets gesprochen."[18]

In seinem Buch über Jesus von Nazareth, in dem er Jesus „von seiner Gemeinschaft mit dem Vater her" zu betrachten sucht[19], hat *Joseph Ratzinger/Benedikt XVI.* ein ganzes Kapitel der Auslegung des Gebets des Herrn gewidmet.[20] Satz für Satz wird die Bedeutung der sieben Bitten des Vaterunsers bedacht.[21] Bei dieser Vertiefung in die Worte Jesu sollen „wir im Spiegel der Gestalt Jesu erkennen, wer und wie Gott ist. Durch den Sohn finden wir den Vater ... Durch ihn, nur durch ihn lernen wir den Vater kennen."[22] „Nur im Wir der Jünger Jesu" – so heißt es weiter – „können wir zu Gott Vater sagen, weil wir nur durch die Gemeinschaft mit Jesus Christus wirklich ‚Kinder Gottes' werden ... So ist das Vaterunser zugleich ein ganz persönliches und ein durchaus kirchliches Gebet. Im Beten des Vaterunser beten wir ganz mit unserem eigenen Herzen, aber wir beten zugleich in der Gemeinschaft mit der ganzen Familie Gottes."[23]

Die Bitte um die Heiligung des göttlichen Namens richtet sich darauf, dass Gott selbst „die Heiligung seines Namens in die Hand nehme, dass er das wunderbare Geheimnis seiner Anrufbarkeit für uns schütze und immer neu aus unserer Entstellung als er selbst heraustrete – diese Bitte ist freilich immer auch eine große Gewissenserforschung für uns ... Sorge ich mich darum, dass das heilige Mitsein Gottes mit uns nicht ihn herabzieht in den Schmutz, sondern uns hinaufzieht in seine Reinheit und Heiligkeit?"[24]

Sind die ersten drei Bitten ganz darauf gerichtet, dem barmherzigen Gott die ihm gebührende Ehre zu erweisen, so „beten wir in der dritten Vaterunser-Bitte zuletzt darum, dass wir ihm immer näher werden und so Gottes Wille die Schwerkraft unserer Eigensucht überwindet, uns der Höhe fähig macht, zu der wir berufen sind."[25] Gott, zu dem wir rufen, ist „ein Gott, der vergibt, weil er seine Geschöpfe liebt; aber die Vergebung kann nur in denjenigen eindringen, nur in dem wirksam werden, der selbst ein Vergebender ist."[26] So schenkt diese Bitte „uns den großen Trost, dass unser Bitten eingeborgen ist in die Kraft seiner Liebe und mit ihr, durch sie und in ihr dann doch Kraft der Heilung werden kann".[27]

In der sechsten Vaterunser-Bitte muss „einerseits die Bereitschaft enthalten sein, die Last an Prüfung auf uns zu nehmen, die uns zugemessen ist. Andererseits ist sie die Bitte darum, dass Gott uns nicht mehr zumisst, als wir zu tragen vermögen; dass er uns nicht aus den Händen lässt."[28] Mit der letzten Bitte kehren wir gleichsam zu den drei ersten zurück: „Indem wir um Befreiung von der Macht des Bösen bitten, bitten wir letztlich um Gottes Reich, um unser Einswerden mit seinem Willen, um die Heiligung seines Namens. Die Beter aller Zeiten haben freilich die Bitte weiter gefasst. In den Drangsalen der Welt baten sie Gott doch auch darum, den ‚Übeln' Einhalt zu gebieten, die die Welt und unser Leben verwüsten."[29]

In der schweren Zeit, die mit Ausbruch des Zweiten Weltkriegs über die Christenheit gekommen war, hat *Dietrich Bonhoeffer* ein „Gebetbuch der Bibel" verfasst, um den Gemeinden eine Einführung in die biblischen Psalmen und eine Anleitung zum Beten zu geben. Darin schreibt er zum Vaterunser: „Was in die Bitten des Vaterunsers eingeht, ist recht gebetet; was in ihnen keinen Raum hat, ist kein Gebet. Alle Gebete der Heiligen Schrift sind im Vaterunser zusammengefasst. Sie werden in seine unermessliche Weite aufgenommen. Sie werden also nicht überflüssig gemacht. Und sie sind der unermeßliche Reichtum des Vaterunsers, wie das Vaterunser ihre Krönung und Einheit ist". Das Vaterunser wird „zum Prüfstein, ob wir im Namen Jesu Christi beten oder im eigenen Namen".[30]

In seiner „Ökumenischen Dogmatik" hat *Edmund Schlink* betont, dass dem Gebet Jesu die Verheißung der Erhörung beigegeben ist, auf die die Christen in allen Konfessionen vertrauen. „Dieser Weite der Einladung zum Gebet und der Verheißung der Gebetserhörung hat Jesus im Vaterunser die bleibend gültige Gestalt gegeben. Er hat damit nicht nur eine immer neu zu wiederholende Gebetsformel, sondern eine Anleitung zum Beten überhaupt gegeben. Sie gilt nicht nur für seine Jünger, sondern für die Kirche aller Zeiten. Jedes Beten soll beachten, dass am Anfang des Vaterunsers die Bitte um die Verherrlichung des göttlichen Namens steht. Dabei kommt das Ich des Beters in den ersten Bitten nicht zur Aussage. Es geht hier allein um die Durchsetzung Gottes in der Welt und zwar des Gottes, dessen Name auch ohne das Gebet schon heilig und dessen Herrschaft in Jesus bereits Gegenwart ist. In diesen Bitten geht es um die Verherrlichung des göttlichen Namens durch die ganze Schöpfung und um die Vollendung des Reiches, in dem das liebende Wirken und die liebende Antwort der Geschöpfe zum Einklang kommen.

Erst danach folgen die Bitten, in denen die Person des Beters ausdrücklich zur Aussage kommt. Aber das geschieht im Vaterunser allein in der Gestalt des ‚Wir' – das ‚Ich' kommt in diesem Gebet nicht vor. Damit ist die persönliche Anrufung Gottes durch den einzelnen nicht abgelehnt, wohl aber eine Beschränkung des Betens auf die selbstsüchtigen Wünsche des einzelnen. Als Glied der Gemeinschaft derer, die von Gott geliebt sind, ist er zum Beten eingeladen. So ist das Gebet auch diejenige Äußerung des christlichen Glaubens, in der sich die Spaltungen der Christenheit am wenigsten auswirken.

Im Gebet erfahren Christen auch über die Grenzen der eigenen Kirche hinaus ihre Zusammengehörigkeit als Brüder ... In den weiteren Bitten des Vaterunsers geht es um die göttliche Erhaltung und Führung des Gottesvolkes, das der Vollendung des Gottesreiches entgegengeht: Um das tägliche Brot und damit in großer Bescheidenheit um das, was für die Erhaltung des irdischen Lebens unerlässlich ist, um die immer neue Vergebung der Sünden und um die Bewahrung in den Versuchungen und Leiden der Welt, die der Vollendung der Gottesherrschaft vorausgehen. Da diese Bitten für das wandernde Gottesvolk nicht zu lösen sind von der Bitte um die auf die ganze Menschheit zukommende Gottesherrschaft, ist in den Bitten des Vaterunsers auch das über die Gemeinschaft der Glaubenden hinausweisende Gebet der Fürbitte für die ganze Menschheit mit enthalten."[31]

In seiner weit ausholenden „Systematischen Theologie" hat *Wolfhart Pannenberg* den einzigartigen Charakter des Vaterunser-Gebets hervorgehoben. Denn „das Gebet zum Vater, das Jesus seine Jünger lehrte, verbindet denn auch die Bitte um das tägliche Brot als Inbegriff aller Bedürfnisse mit der Bitte um Vergebung, die auch hier an die Vergebungsbereitschaft des Betenden gebunden wird (Lk 11,3 f.). Zugleich zeigt das Gebet Jesu, dass seine Verkündigung der Vatergüte Gottes und seine eschatologische Botschaft von der Nähe der Gottesherrschaft zusammengehören; denn das Gebet beginnt mit drei Bitten, die sich auf das Kommen der Herrschaft des Vatergottes richten."[32]

Im Abschnitt, der von der zeichenhaften Gestalt der Heilsgegenwart Christi im Leben der Kirche handelt, bezieht sich *Pannenberg* erneut auf das Vaterunser und führt aus: „Wenn die Worte Jesu über das Gebet, die in den Evangelien überliefert sind, sich unmittelbar auf das Bittgebet beziehen, so ist dabei der Glaube und mit ihm die durch Dank und Anbetung zum Ausdruck kommende Gemeinschaft mit Gott immer schon vorausgesetzt. Dementsprechend beginnt das als Bittgebet formulierte Gebet Jesu mit Bitten, die sich auf Gott und die Vollendung seines Reiches auf Erden richten. Erst im Anschluß daran folgen die Bitten um das tägliche Brot, um Vergebung der Schuld und um Bewahrung vor der Versuchung zum Abfall. Im christlichen Bittgebet werden die Wünsche, Sorgen und Bitten der Menschen den Zielen Gottes mit seiner Schöpfung untergeordnet und in sie eingeordnet. Die deutlichste Anleitung dazu gibt das Gebet Jesu selber: ‚Aber nicht wie ich will, sondern wie du willst' (Mk 14,36 parr). Dabei ist immer schon vorausgesetzt, dass die Nöte und Anliegen des Geschöpfes in den Zielen und im Handeln seines Schöpfers Raum haben (Lk 12,22 – 31 par), wenn auch die Art, wie sie darin Platz finden werden, menschliches Vorstellen und Begreifen übersteigen mag. Das Bittgebet, dem Jesus Erhörung verheißen hat (Mk 11,24 par), ist auf jeden Fall das Gebet von Glaubenden und also ein solches, das von der Bereitschaft zur Ergebung in den Willen Gottes getragen ist."[33]

Im Unterschied zu manchen Lehrbüchern der Dogmatik, in denen zwar kluge Gedanken, aber kein Wort vom Gebet und vom Vaterunser zu finden sind, hat *Gerhard Ebeling* seine „Dogmatik des christlichen Glaubens" mit einer eingehenden Besinnung über das Gebet eingeleitet und von da aus dann die Entfaltung christlicher Lehre vorgenommen.[34] Damit hat er einen Ansatzpunkt gewählt, der in ausgezeichneter Weise im Geist ökumenischer Verantwortung die allen Christen gemeinsamen Inhalte des christlichen Glaubens darlegen und dadurch im besten Sinn Konsens bilden kann.[35] Denn das Gebet Jesu, dessen Worte alle Christen im Vaterunser sprechen, stellt eine feste Grundlage dar, auf die jeder Christ seinen Glauben gründet und ihn im Aufblick zum Vater Jesu Christi bekennt. Konsens bilden bedeutet, Besinnung auf das grundsätzlich Gemeinsame bewusst zu machen und zu fördern, so dass alte Vorurteile und Unterschiede sich auflösen, „indem über die Wahrheit des christlichen Glaubens so redlich wie möglich Rechenschaft gegeben wird".[36] So wird „die Gotteslehre vom Phänomen des Gebets her entfaltet".[37] Dieser Zugang wird erneut in der Christologie sowie der Lehre vom dreieinigen Gott eröffnet. Das Gebet der Christen nimmt die

Worte Jesu auf, so dass das aramäische *abba* „offensichtlich ein geschichtliches Bindeglied zwischen dem Gebet Jesu und dem Gebet der frühen Christusgläubigen" darstellt. Um dieses Gebet glaubend sprechen zu können, bedarf es „der Gabe des entsprechenden Gebetsgeistes".[38] Wer sich an Jesu Wort hält, der „weiß, mit wem er es zu tun hat, wenn er es mit Gott zu tun hat".[39]

Für das Gebet ist die Anrede von konstitutiver Bedeutung. „In ihr wird geltend gemacht, woraufhin gebetet wird und Gewißheit besteht, nicht ins Leere zu reden. Insofern ist mit der Anrede im Grunde schon alles gesagt, wenn man hinzunimmt, dass im Lichte solcher Anrede der Beter selbst mit allem, was ihn umtreibt, den dazu gehörenden Gebetstext darstellt. Die Anrede ist nicht nur bereits das ganze Gebet in nuce, sondern auch schon die Vorwegnahme seiner Erhörung, sozusagen das bereits an den Anfang gesetzte Amen."[40]

Das Gebet im Namen Jesu ist „auf das Ende ausgerichtet, in dem sich die Widersprüche lösen, die der Glaube schon jetzt vereint. Was in der gegenwärtigen Weltzeit noch als Christus und als Gott betreffend auseinandertritt, wird dann, wenn der Auftrag Christi endgültig erfüllt ist, zur ungeteilten Gottesherrschaft werden … Alles zielt also allein auf die Doxa Gottes ab."[41]

Unvergleichliche Kraft, die von den Worten Jesu ausgeht, führt Beter aus aller Welt zusammen und lässt sie miteinander das Gebet des Herrn sprechen – jeden in der ihm eigenen Sprache. Die hier beschriebenen Beispiele mögen genügen, um eine Vorstellung von der großen „Wolke von Zeugen" (Hebr. 12,1) zu gewinnen, die in allen Ländern, Zungen und Sprachen das Gebet des Herrn sprechen und auslegen.[42] Dabei fügen sich die vielerlei Überlegungen und Betrachtungen zu einem vielstimmigen Lobpreis harmonisch zusammen und überschreiten damit mancherlei trennende Grenzen zwischen den Völkern, zwischen den Kirchen und Konfessionen.

Christen bekennen sich zu Jesus als dem Christus und sehen sich ermutigt, im Namen Jesu zu Gott als ihrem Vater zu beten und seinen gnädigen Beistand zu erbitten. Sie geben ihm die ihm allein gebührende Ehre, indem sie seinen Namen heilig halten und sich in seinem Namen als seine Kinder begreifen. Sie vertrauen darauf, dass Gott alle Wege einer vielfach verworrenen Geschichte am Ende zu dem von ihm gesetzten Ziel bringen wird. Und sie fragen nach seinem Willen und lernen, sich in diesen seinen Willen zu fügen und nach seinen Geboten zu leben.

Das Gebet Jesu nimmt die vielerlei Nöte der Beter ernst und lässt sie Gott darum bitten, das tägliche Brot zu gewähren. Damit bekennen sie, dass nicht unser Tun und Lassen den Sinn unseres Lebens zu erhellen und zu bewirken vermag, sondern dass sie darauf vertrauen, von Gott alle guten Gaben zu empfangen, die sie zum Leben brauchen. Doch wie das tägliche Brot, so benötigen sie auch die Vergebung der Schuld, um ihr Leben recht führen zu können. Dabei wissen die Beter sich in Pflicht genommen, ihrerseits denen zu vergeben, die sich gegen sie schuldig gemacht haben. Die Botschaft von der Vergebung, die Gott uns schenkt und die unter uns Platz greifen soll, macht das Kernstück des Evangeliums aus. Um Zukunft gewinnen und gestalten zu können, suchen die Beter den gnädigen Beistand des himmlischen Vaters. Sie rufen zu ihm, er möge sie nicht den mancherlei Versuchungen erliegen lassen, denen sie immer wieder ausgesetzt werden, sondern vom Bösen erlösen und ein Leben in der Freiheit der Kinder Gottes schenken.

Das Gebet des Herrn umgreift in seinen schlichten und kurzen Worten alles, dessen es bedarf, damit die Kinder Gottes, seine Söhne und Töchter, im glaubenden Vertrauen zu ihrem himmlischen Vater rufen und dabei der Erhörung gewiss sein können. Darum werden sie „Amen" als letztes Wort sagen und können mit dem Schlussvers aus *Martin Luthers* Lied über das Vaterunser voller Zuversicht sprechen und singen: „Amen, das ist: es werde wahr. Stärk unsern Glauben immerdar, auf dass wir ja nicht zweifeln dran, was wir hiermit gebeten han auf dein Wort, in dem Namen dein. So sprechen wir das Amen fein."[43]

Anmerkungen

1 Vgl. Glaubensverkündigung für Erwachsene – Deutsche Ausgabe des Holländischen Katechismus, Nijmegen-Utrecht 1968, Imprimatur des Originalwerkes Utrecht 1. März 1966.
2 A. a. O., 137.
3 A. a. O., 138.
4 Katholischer Erwachsenen-Katechismus – Das Glaubensbekenntnis der Kirche, Bonn 1985.
5 A. a. O., 86.
6 A. a. O., 90.
7 Vgl. Katechismus der katholischen Kirche, München 1993, nach dem 1993 in Rom veröffentlichten lateinischen Urtext.
8 Ebd., 30.
9 A. a. O., 33.
10 A. a. O., 691–717, Abschnitte 2759–2865.
11 Vgl. K. Barth, Die Kirchliche Dogmatik III/4, Zürich 1951, 95–127.
12 A. a. O., 95.
13 A. a. O., 103.
14 Ebd., 112.
15 Ebd., 115.
16 Ebd., 124.
17 Ebd., 125.
18 K. Rahner, Von der Not und dem Segen des Gebets, Freiburg 2004, 63 f.
19 Vgl. J. Ratzinger/Benedikt XVI, Jesus von Nazareth, Freiburg 2007, 12.
20 A. a. O., 161–203.
21 Zur kritischen Auseinandersetzung mit der exegetischen Methode, mit der das Jesusbild erhoben wird, vgl.: M. Ebner/R. Hoppe/Th. Schmeller, Der ‚historische Jesus' aus der Sicht Joseph Ratzingers – Rückfragen von Neutestamentlern zum päpstlichen Jesusbuch, in: Biblische Zeitschrift 52 (2008), 64–81.
22 A. a. O., 171.
23 A. a. O., 175.
24 A. a. O., 179.
25 A. a. O., 184.
26 A. a. O., 192.
27 A. a. O., 195.
28 A. a. O., 199.
29 A. a. O., 202.
30 Vgl. D. Bonhoeffer, Das Gebetbuch der Bibel, in: Dietrich Bonhoeffer, Werke Bd. 5, herausgegeben von G. L. Müller und A. Schönherr, München 1987, 105–132.109.
31 Vgl. E. Schlink, Ökumenische Dogmatik – Grundzüge, Göttingen 1983, 452.
32 Vgl. W. Pannenberg, Systematische Theologie I, Göttingen 1988, 283.
33 Vgl. W. Pannenberg, Systematische Theologie III; Göttingen 1993, 235.

34 Vgl. G. Ebeling, Dogmatik des christlichen Glaubens I–III, Tübingen 1979.
35 Vgl. G. Ebeling, Zu meiner ‚Dogmatik des christlichen Glaubens', in: ThLZ 105 (1980), 721–733.725.
36 Vgl. Ebeling, ebd., 725.
37 A. a. O., Dogmatik II, 330.
38 Ebd.
39 Ebd., 331.
40 Dogmatik I, 241.
41 Dogmatik II, 332.
42 Einige Beispiele für allgemeinverständliche Betrachtungen des Vaterunsers: H. Thielicke, Das Gebet, das die Welt umspannt. Reden über das Vaterunser aus den Jahren 1944/45, Stuttgart 1980; Von Jesus beten lernen. Das Vaterunser, herausgegeben von den evangelischen und katholischen Bibelwerken, Stuttgart 1979/80; H. Finze-Michaelsen, Vater Unser – Unser Vater. Entdeckungen im Gebet Jesu, Biblisch-theologische Schwerpunkte 24, Göttingen 2004; P. Bahr/Joachim von Soosten (Hg.), Das Vater Unser, Frankfurt M. 2008.
43 Vgl. Evangelisches Gesangbuch 344, Vers 9.

Literaturverzeichnis[1]

1 Abkürzungen zur Bezeichnung der biblischen Schriften sowie der einschlägigen wissenschaftlichen Studien folgen den üblichen Regeln, wie sie in den großen Nachschlagewerken angegeben sind; vgl S. Schwertner, Theologische Realenzyklopädie, Abkürzungsverzeichnis, ²Berlin 1994, 1–88

F. Avemarie, Zeugnis in Öffentlichkeit. Zur Entwicklung des Begriffs der Heiligung des Gottesnamens in der frühen rabbinischen Überlieferung, in: L. Döring/H.-G. Waubke/F. Wilk (Hg.), Judaistik und neutestamentliche Wissenschaft, FRLANT 226, Göttingen 2008, 257–278
H. v. Baer, Der heilige Geist in den Lukasschriften, BWANT 3/3, Stuttgart 1926
K. Barth, Kirchliche Dogmatik III/4, Zürich 1951, 95–127: Das Gebet
K. Barth, Das Vaterunser nach den Katechismen der Reformation, Zürich 1965
S. Ben Chorin, Betendes Judentum, Tübingen 1980
P. Billerbeck, Kommentar zum Neuen Testament aus Talmud und Midrasch I–IV, München 1922–1928
M. Black, An Aramaic Approach to the Gospels and Acts, Oxford 1946
A. Böckler, Gott als Vater im Alten Testament, Traditionsgeschichtliche Untersuchungen zur Entstehung und Entwicklung eines Gottesbildes, ²Gütersloh 2002
M. Bohlen, Die Einlasssprüche in der Reich-Gottes-Verkündigung Jesu, in: ZNW 99 (2008), 167–184
M. Brocke/J. J. Petuchowski/W. Strolz, Das Vaterunser, Gemeinsames Beten von Juden und Christen, Freiburg 1974
R. Brown, The Pater Noster as an Eschatological Prayer, in: New Testament Essays, Garden City 1968, 275–320
R. Bultmann, Jesus, Tübingen 1951
C. f. Burney, The Poetry of our Lord, Oxford 1925
J. Carmignac, Recherches sur le „Notre Père", Paris 1969

O. Cullmann, Das Gebet im Neuen Testament, Tübingen 1994
U. Dalferth, Malum. Theologische Hermeneutik des Bösen, Tübingen 2008
G. Dalman, Die Worte Jesu I, ²Leipzig 1930
M. Dibelius, Die dritte Bitte des Vaterunsers, in: Botschaft und Geschichte I, Gesammelte Aufsätze, Tübingen 1953, 175–177
G. Ebeling, Dogmatik des christlichen Glaubens I–III, Tübingen 1979
I. Elbogen, Der jüdische Gottesdienst in seiner geschichtlichen Entwicklung, ³Frankfurt M. 1931, ⁴Hildesheim 1962
P. Fiebig, Jesu Bergpredigt, Rabbinische Texte ins Deutsche übersetzt, in ihrer Ursprache dargeboten und mit Erläuterungen versehen, FRLANT 20, Göttingen 1924
P. Fiebig, Das Vaterunser. Ursprung, Sinn und Bedeutung des christlichen Hauptgebetes, BFChTh 30/3, Gütersloh 1927
N. Förster, Das gemeinschaftliche Gebet in der Sicht des Lukas, Biblical Tools and Studies 4, Leuven 2007
W. Foerster, ἐπιούσιος, in: ThWNT II, 587–595
R. Freudenberger, Zum Text der zweiten Vaterunserbitte, in: NTS 15 (1968/69), 419–432
J. Gnilka, Vaterunser, in: LThK² X, 624–627
M. D. Goulder, The Composition of the Lord's Prayer, in: JThS 14 (1963), 32–45
E. Grässer, Das Problem der Parusieverzögerung in den synoptischen Evangelien und in der Apostelgeschichte, ³Berlin 1977
K. Haacker, Stammt das Vater-Unser nicht von Jesus?, in: Theolog. Beiträge 27 (1996), 176–182
E. Haenchen, „Der Vater, der mich gesandt hat“, in: NTS 9 (1962/63), 208–216 (= Gott und Mensch, Gesammelte Aufsätze, Tübingen 1965, 68–77)
F. Hahn, Christologische Hoheitstitel, FRLANT 83, ⁵Göttingen 1995
A. v. Harnack, Über einige Worte Jesu, die nicht in den kanonischen Evangelien stehen, nebst einem Anhang über die ursprüngliche Gestalt des Vater-Unsers, in: SPAW 1907, 942–957
M. Hengel, Zur matthäischen Bergpredigt und ihrem jüdischen Hintergrund, in: ThR 52 (1987), 327–400 (= Judaica et Hellenistica, Kleine Schriften II, Tübingen 1999, 219–292)
J. Jeremias, Das Vaterunser im Lichte der neueren Forschung, Calwer Hefte 50, Stuttgart 1962 (= Abba, Studien zur neutestamentlichen Theologie und Zeitgeschichte, Göttingen 1966, 152–171)
J. Jeremias, Vaterunser, in: RGG³ VI, 1235–1237

J. Jeremias, Neutestamentliche Theologie I, Die Verkündigung Jesu, Gütersloh 1971, ^{3}1979
Katechismus, Heidelberger – Jubiläumsausgabe, Lemgo 1963/1971
Katechismus, Holländischer – Glaubensverkündigung für Erwachsene, Deutsche Ausgabe, Nijmegen/Utrecht 1966
Katechismus, Katholischer – Erwachsenen, herausgegeben von der Deutschen Bischofskonferenz, München – Stuttgart 1985
Katechismus, der Katholischen Kirche, Deutsche Übersetzung des lateinischen Urtexts, München 1993
G. Kittel, ἀββά, in: ThWNT I, 4–6
H. Klein, Das Lukasevangelium, Göttingen 2006
G. Korting, Das Vaterunser und die Unheilsabwehr, Ein Beitrag zur επιουσιον-Debatte (Mt. 6,11/Lk. 11,3), NTA NF 48, Münster W. 2004
W. G. Kümmel, Verheißung und Erfüllung, AThANT 2, ^{2}Zürich 1953
K. G. Kuhn, Achtzehngebet und Vaterunser und der Reim, WUNT 1, Tübingen 1950
K. G. Kuhn, πειρασμός – ἁμαρτία = σάρξ im Neuen Testament und die damit verbundenen Vorstellungen, in: ZThK 49 (1952), 200–222
O. Kuss, Das Vaterunser, in: Auslegung und Verkündigung II, Regensburg 1967, 277–333
R. Leaney, The Lucan Text of the Lord's Prayer, in: NT 1 (1956), 103–111
J. Lochman, Unser Vater, Auslegung des Vaterunsers, Gütersloh 1988
G. Lohfink, Der präexistente Heilsplan. Sinn und Hintergrund der dritten Vaterunserbitte, in: Neues Testament und Ethik, Festschrift für R. Schnackenburg, Freiburg 1989, 110–133
E. Lohmeyer, Das Vater Unser, Göttingen 1946, ^{5}1962
E. Lohse, Doxologien im Römerbrief, in: Für alle Zeiten zur Erinnerung, Festgabe für f. Mußner, SBS 209, Stuttgart 2006, 255–253 (= Rechenschaft vom Evangelium, Exegetische Studien zum Römerbrief, BZNW 150, Berlin 2007, 20–28).
E. Lohse, Das Vaterunser – im Licht seiner jüdischen Voraussetzungen, Tübingen 2008
P. Luomanen, Entering the Kingdom of Heaven, WUNT II, 101, Tübingen 1998
M. Luther, Der Große Katechismus, in: Die Bekenntnisschriften der evangelisch-lutherischen Kirche, Göttingen 1930 (^{12}1998), II, 545–733
M. Luther, Der kleine Katechismus, in: ebd., 501–527/Evangelisches Gesangbuch, Ausgabe für die Evangelisch-Lutherischen Kirchen in Niedersachsen und für die Bremische Evangelische Kirche, Hannover/Göttingen 1994, Nr. 806

M. Luther, Eine einfältige Weise zu beten. Für einen Freund, in: WA XXXVIII, 358–375 (= in: K. Bornkamm / G. Ebeling (Hg.), Martin Luther – Ausgewählte Schriften II, Frankfurt M. 1982, 268–292)
U. Luz, Das Evangelium nach Matthäus, EKK I / 1 (Mt 1–7), Zürich / Neukirchen 1985
U. Luz, Vaterunser I, in: TRE 34 (2002), 504–512
J. Maier, Judentum, Göttingen 2007
B. Metzger, How many times does ἐπιούσιος occur outside the Lord's Prayer?, in: ET 69 (1957), 52–54
M. Nijman / K.A. Worp, 'Επιούσιος in a Documentary Papyrus?, in: NT 41 (1999), 251–254
K.-H. Ostmeyer, Das Vaterunser: Gründe für seine Durchsetzung als ‚Urgebet' der Christenheit, in: NTS 50 (2004), 320–336
W. Pannenberg, Systematische Theologie I–III, Göttingen 1988–1993
M. Philonenko, Das Vaterunser, Tübingen 2002 (französisches Original: Le Nôtre Père. De la prière de Jésus à la prière des disciples, Paris 2001)
P. Pokorný / U. Heckel, Einleitung in das Neue Testament, Tübingen 2007
W. Popkes, Die letzte Bitte des Vater-Unser, Formgeschichtliche Beobachtungen zum Gebet Jesu, in: ZNW 81 (1990), 1–20
F. Preisigke, Sammelbuch griechischer Urkunden aus Ägypten I, Straßburg 1915
K. Rahner, Von der Not und dem Segen des Gebetes, Freiburg 1958, 2004
J. Ratzinger / Benedikt XVI, Jesus von Nazareth, Freiburg 2007
W. Rordorf, „Wie auch wir vergeben haben unseren Schuldigern" (Matth. VI 12 b), in: Studia Patristica X (1970), 236–241
W. Rordorf, Le ‚pain cottidien' (Matth. 6,11) dans l'histoire de l'Exegèse, in: Didaskalia 6 (1976), 221–235
C. K. Rothschild, Baptism Traditions and Q, WUNT I, 190, Tübingen 2005
E. Schlink, Ökumenische Dogmatik, Göttingen 1983
J. Schlosser, Le Règne de Dieu dans les Dits de Jésus I / II, Paris 1980
G. Schneider, Die Bitte um das Kommen des Geistes im lukanischen Vaterunser, in: Studien zum Text und zur Ethik des Neuen Testaments, Festschrift für H. Greeven, BZNW 47, Berlin 1986, 344–373
J. Schniewind, Das Evangelium nach Matthäus, ^{4}Göttingen 1950
G. Schrenk / G. Quell, πατήρ, in: ThWNT V, 946–1016
H. Schürmann, Das Gebet des Herrn als Schlüssel zum Verstehen Jesu, Leipzig 1957, ^{4}Freiburg / Leipzig 1981

G. Schwarz, Matthäus VI, 9–13; Lukas XI, 2–4, Emendation und Rückübersetzung, in: NTS 15 (1968/69), 233–247
A. Schweitzer, Das Messianitäts- und Leidensgeheimnis, ³Tübingen 1956
H. Schwier, Vaterunser I/II, in: RGG⁴ 8 (2005), 893–896
W. Staerk, Altjüdische Gebete, KlT 58, ²Berlin 1930
A. Steudel, Die Heiligung des Gottesnamens im Vaterunser, Erwägungen zum antik-jüdischen Hintergrund, in: L. Döring/H.-G. Waubke/ F. Wilk (Hg.), Judaistik und neutestamentliche Wissenschaft, FRLANT 226, Göttingen 2008, 242–256
G. Strecker, Die Bergpredigt, Göttingen 1984
A. Strotmann, ‚Mein Vater bist du' (Sir. 51,10), Zur Bedeutung der Vaterschaft Gottes in kanonischen und nichtkanonischen frühjüdischen Schriften, FTS 39, Frankfurt M. 1991
P. Stuhlmacher, Biblische Theologie des Neuen Testaments I, Göttingen 1992, ³2005
Y. Y. Teppler, ‚Birkat haMinim', Texts and Studies in Ancient Judaism 120, Tübingen 2007
E. Töngses, „Unser Vater im Himmel". Die Bezeichnung Gottes als Vater in der tannaitischen Literatur, BWANT 147, Stuttgart 2003
C. C. Torrey, The Translation made from the Original Aramaic Gospels, in: Studies in History of Religion, Presented to C.-M. Toy, New York 1912, 309–317
P. Vielhauer, Vater-Unser Probleme VF 1949/50, 219–224
A. Vögtle, Das Vaterunser – ein Gebet für Juden und Christen?, in: M. Brocke u. a. (Hg.), Das Vaterunser, Freiburg 1974, 165–195
A. Vögtle, Der eschatologische Charakter der Wir-Bitten des Vaterunser, in: Jesus und Paulus, Festschrift für W.G. Kümmel, Göttingen 1975, 344–362
J. Wellhausen, Einleitung in die drei ersten Evangelien, ²Berlin 1911
J. Weiss, Die Predigt Jesu vom Reiche Gottes, Göttingen 1892, ³1964
J. J. Wettstein, Novum Testamentum Graecum cum variis lectionibus et commentario I, Amsterdam 1771
H. Windisch, Die Sprüche vom Eingehen ins Reich Gottes, in: ZNW 27 (1928), 163–192
M. Wolter, Das Lukasevangelium, Tübingen 2008

Bibelstellenverzeichnis

Altes Testament

Neues Testament

Sachregister

Autorenregister